超实用家庭教育秘籍

有效教育的 10 个妙招

〔法〕劳伦斯·笛德克 / 著

朱振洁 / 译

CTS ㊉ 湖南少年儿童出版社 · 长沙
HUNAN JUVENILE & CHILDREN'S PUBLISHING HOUSE

图书在版编目（CIP）数据

超实用家庭教育秘籍. 有效教育的10个妙招 /（法）劳伦斯·笛德克著；朱振洁译.—长沙：湖南少年儿童出版社，2024.7

ISBN 978-7-5562-6786-6

Ⅰ.①超… Ⅱ.①劳…②朱… Ⅲ.①家庭教育 Ⅳ.①G78

中国国家版本馆CIP数据核字（2023）第163954号

超实用家庭教育秘籍·有效教育的10个妙招

CHAO SHIYONG JIATING JIAOYU MIJI · YOUXIAO JIAOYU DE 10 GE MIAOZHAO

总 策 划：周 霞　　　　　策划编辑：吴 蓓

责任编辑：罗晓银　　　　　营销编辑：罗钢军

内文排版：雅意文化　　　　质量总监：阳 梅

出 版 人：刘星保

出版发行：湖南少年儿童出版社

地　　址：湖南省长沙市晚报大道89号（邮编：410016）

电　　话：0731-82196320

常年法律顾问：湖南崇民律师事务所　柳成柱律师

印　　刷：湖南立信彩印有限公司

开　　本：889 mm × 1194 mm　1/32　　　印　　张：6.75

版　　次：2024 年 7 月第 1 版　　　　　印　　次：2024 年 7 月第 1 次印刷

书　　号：ISBN 978-7-5562-6786-6

定　　价：33.80 元

前　言

　　"慈爱"是一种态度，是一份为他人着想的心。在教育里，"慈爱"虽然有好处，但不是一种教育方式，这就是"慈爱教育"这个概念推出 20 多年来，一直受到诟病的原因。很多父母在面对"慈爱教育"时会感到内疚和无助，他们会问，是不是不知道"慈爱教育"的父母就不是好父母了？其实教育里光有"慈爱"是不够的，我们还需要"有效"。"有效教育"以慈爱为基础，结合认知、行为和技巧，根据不同的社会、家庭和文化背景因材施教。"有效"指的是"谁实现了什么目标"，这里不存在道德判断，不去评论"好"与"不好"、"对"还是"错"，只评估客观事实，然后剔除"无效"的部分，探讨"怎么做"才是可行的、有效的。

导　言

　　当孩子没有按照我们的期待去行事，甚至出现不良行为的时候，其实不是孩子出了问题。这一点和成年人的心理治疗有很大的不同，对成年人我会说"所有答案都在你的内心"，因为来访者本身需要为治疗效果负百分百的责任。但对孩子来说，答案不在于自身，而在于教育方法和教育环境。因此，孩子行为问题的起源和成因，以及治疗手段归根结底都在于成年人。这里的"成年人"既包括父母，也包括老师以及和教育有关的所有成年人，这些成年人拥有改变的力量，也承担着改变的责任。

　　虽然改变的钥匙掌握在父母手里，但来找我咨询的父母往往会说"我好难啊"。我相信他们确实很难。你现在看这本书，是因为你已经做了努力，但对于努力的结果仍然不满意。给孩子下命令、批评指责、让孩子内疚，质问他"为什么不按我说的去做"……这些做法统统错了，这等于是把教育陷在了"权利争夺"的僵局里，也陷在了一种奖励—惩罚的恶性循环里。"专制"这个词，是指利用统治权把某事强加给某人，在教育里不但行不通，而且会给孩子带来很大的负面影响。有时候强权能取得短期效果，但你会发现孩子的学习成绩总是上不去，于是父母转而对孩子进行惩罚或者奖励，这些做法在本质上都是一样的，最后父母就反反复复陷在恶性循环里一筹莫展，也许这就是你今天会看这本书的原因吧。

"有效教育"有一个前提，就是儿童所有的行为都是反应性的：儿童和所发生的事件、和他从周围人那里学到的，还有他的成长环境是紧密联系在一起的，除非患有特定的心理疾病或脑功能异常（这部分不在本书的讨论范围内），否则儿童不会出现"无中生有"的行为。本书讨论的对象是处在发展和学习技能这个阶段的儿童，不针对有精神病史和精神病理学问题，也不针对由神经生理学特性引起的存在理解困难的儿童。不过我还是想强调一下，即使孩子已经过了这个阶段，本书讨论的教育和沟通原则对他也同样适用。其实这些原则普遍适用于所有儿童和成年人，不论其资质和发展情况如何。

有一种普遍的观点认为"6岁以前定终身"，很少有父母能够跳出这个误区，而且这个观点会让父母很焦虑，觉得自己"错过了孩子成长最重要的阶段"。在育儿课堂里，所有的老师都会强调早期教育对孩子的重要性，成功的早期教育可以让孩子"很好地"为"未来生活"做好准备。但需要澄清的是，幼儿期只是人生的一个阶段，虽然在这个阶段我们需要学习的东西是最多的，但一个人的自我是在漫长的生命过程中一点一点建立起来，得以丰富和发展的。其实只要我们活着就在学习，因为每一种体验都会从知觉、行为、情感、知识等各个层面给我们机会去学习、去修正、去巩固已经学到的东西。所以只要你想学，永远都不嫌晚。从现在开始，做柔软、慈爱的父母，孩子的心灵会开花结果。如果在孩子小的时候我们没有做到，那么即使孩子已经成年，想要修正和孩子之间的关系模式也都还来得及。

目 录

妙招 1

所有的行为都是习得的

▼▼▼▼

人一出生，教育便开始了。

教育引导人学习，

启发人类所有的行为。

了解大脑的工作原理，

以及信息的传递方式，

可以帮助孩子在最有利的环境下学习。

我们所有的行为都是习得的。孩子所有的行为，包括不良行为，也都是学来的。比如不给他吃糖，他就在地板上打滚；你叫他过来他不但不听还到处乱跑；或者打断别人说话；等等。孩子之所以会这样做，是因为他"学到"了这个做法，更关键的是，他没有"学到"合适的做法。

另外，虽然我们不能把学到的东西从大脑里"清除"，但我们可以不断地往大脑里补充信息，并改变自己的行为。新的信息加入以后，大脑会把没用的信息替换掉。这就是为什么孩子做错了事，你去责备他，"给他解释为什么不应该"这么做，这种做法是"无效"的。最好的做法是告诉他，该做什么，以及该怎么做，并且要示范给他看。在发展良好认知功能的过程中，有一个最常见的阻碍，就是大脑里充斥着没用的、矛盾的信息。

孩子通过模仿来学习

婴儿会做的所有事情，除了呼吸、吮吸、排便等生理反射以外，都是靠模仿学来的。对幼儿来说，模仿学习主要涉及观察和感受，其中包含了非语言交流所传递的所有信息。

在成年人的口头交流里，75％的信息都是非言语信息，也就是说，75％的信息是通过眼神、表情、动作等来表达和接收的。由于幼儿的语言表达能力比成年人要差很多，所以非言语信息在交流中所占的比例要更高。

模仿不仅要有一个模仿对象，还需要有情绪为基础，这取决于我们的情绪状态所产生的振动频率。这方面你可能已经有过经验，当一个小宝宝哭闹的时候，如果你柔声细语地对他说话，或者对他"轻柔地哼唱"，他便能平静下来。我们建议从小宝宝一出生就开始对他说话，其中有两个原因，一个是即使宝宝还无法理解我们话里的全部内容，他也能大致听懂其中的意思；另一个是成年人经常和宝宝说话，也是宝宝学习说话的一种方式。

孩子是成年人情绪的一面镜子

孩子是成年人情绪的一面镜子，是环境和氛围的晴雨表，能够直接反映出成年人的情绪。当你觉得不舒服、害怕、生气的时候，孩子也会觉得不舒服、害怕、生气。孩子在和成年人互动的过程中，会产生和成年人相同的振动频率，而且这个频率往往会被放大。**孩子越小，其行为就越能反映他的内在状态，**因为他还没有像成年人那样学会隐藏自己。撇开情绪谈学习是"无效"的，情绪是学习的前提条件。

当情绪阻碍学习时

因此，在学校和家庭教育中，与孩子的关系决定了"教"与"学"的有效性。如果你用攻击性的态度和强迫的语气对孩子说"把屋子收拾好！"或者"穿上拖鞋！"，等于在给他的学习空间填充负面情绪——恐惧、内疚，甚至是愤怒、悲伤，等等。他体验到的都是情绪，学习的空间就没有了。即使他能"理解"你对他的"要求"，他也不会去穿拖鞋或整理屋子，因为在学习的空间和时间上，他受到了一种或多种消极情绪的侵扰，这些消极情绪会构成一种持续性的、消极的锚定体验。当出现一件"不好"的事情，孩子会"换频道"，同时"不好"的信息存进大脑里，我们把这个过程称为"压抑"。最后，因为体验到的都是消极情绪，他就没有办法积极地去学习，他不仅不会记得自己必须穿拖鞋或者整理屋子，而且不知道该怎么记住，因为我们没有告诉他要"做什么"和"怎么做"，而我们却因为孩子没有主动去做而发火。

要说几次孩子才能记住？

如果我们多次示范、解释、提醒以后，孩子还是没有学习到某个行为，这表明学习还不充分。只要一个知识还没有被掌握，我们就应该陪伴孩子去学习，直到他能够自己做到我们提出的要求。

有时候孩子会忘记，他自己会承认"我没有想到"，然后父母就说他分心、不专注……但孩子不是故意的，如果没有充分地学习，是因为他还缺乏信息，这些信息也许是和环境有关的，也许是和认知、情感有关的或与生理因素有关的，等等。没有孩子会因为"不在乎"去忽略父母要求他做的事情。所有孩子都会努力按照父母的要求去做事，去体验做成后的满足感，并满足自己强烈的、天然的学习需求。所以，如果你给孩子贴了标签，什么"他很懒""他故意这么做""他分心""他不在乎"，等等，现在可以把标签撕下来了。

榜样的力量

孩子在学习的过程中会先模仿，后同化。所以永远不要忘记你是孩子的榜样。**你自己不做的事情，不要要求孩子去做。**想要孩子冷静下来，就不要对他大吼大叫。你每天做"A"，就不能要求孩子去做"-A"……这是最基本的。这并不是说你始终都要做个好榜样——这是做不到的，因为每个人都有自己的局限。只是要知道，如果你不能以身作则，那么逼着孩子去做，是"无效"的，在认知上行不通，甚至可能会起到反作用。如果我们通过强硬手段，比如承诺、威胁、内疚甚至暴力等"强迫"孩子去学习，那么我们得到的所有的结果都是暂时的，孩子学到的只是我们使用的手段。当我们恐吓孩子，我们在教会他害怕、用撒谎来保护自己、逃避沟通，从而让他自己解脱。他不整理房间，你惩罚他，那么你教他的是"受惩罚"，而不是整理房间。

有一个原则，就是如果你不能平静地教育孩子，就不要对孩子提要求。比如你火气上来了，这时候不如出去散散步，让另一半，或者保姆、奶奶去处理，给自己喘口气儿。等到你回家的时候就能平静下来，心平气和地和孩子说话。因为你一旦使用暴力或者情绪激动，孩子都是无辜的受害者。如果我们缺少有效的教育方法，孩子面对父母会感到很无力。

尝试、犯错、再尝试

学习的第二个方式是尝试，这一点和"失败"、犯错、摸索、再尝试是紧密联系在一起的。我们通过犯错来学习。孩子犯错了、跌倒了、弄反了、错过了，这些对他来说都是必不可少的经历。因为只有在经历了"不知道怎么做"后，才能确定自己能做好。犯错只是一个学习的过程，如果孩子犯错以后，你给他发出的信息是失望的或焦虑的，或者用一种非言语信息给他制造紧张感，让他觉得自己"不应该做错"，这就等于在阻碍他学习，孩子学习的效率就会变慢。

　　一般来说，孩子小的时候，我们比较能够接纳孩子犯错，接纳孩子笨手笨脚的——"可怜的小家伙！他想自己倒水，结果水倒到桌子上去了，没关系……"可一旦孩子上学了，回来告诉父母"考试没考好"，孩子就大难临头了！但其实"没考好"只是暂时的，说明他正在学习。要是你让他因为考试没考好而内疚，就会阻碍他的成长。并不是说他不会再学到东西，只是他会学得很慢，学得不好，学得不扎实。

　　孩子天生有学习的需求，这种需求只会在被压抑时才会枯竭。有效教育要求我们为孩子提供一种体验，或者说创造一个有利的情绪环境去满足孩子这方面的需求。一定要记得，一个成长停滞的孩子，他不是懒惰，而是痛苦。所以我们必须要鼓励孩子去尝试，接受他犯错误，认可他所取得的成绩，这样他才会继续往前走。

注重学习的能力

孩子的自信来自成年人，尤其是父母、老师的信任。我们需要根据孩子的年龄、特点来预估他的学习能力。高估了孩子的发展水平会导致孩子失败，但如果太过担心孩子做不到，即使他已经准备好（孩子一般会表达出来），也不让他去尝试，也是不合适的。有很多专业的书籍和网站对儿童成长各阶段的学习领域都有详细的探究，能帮助你更好地理解孩子在某个成长阶段应具备的能力。

游戏是学习的"推进器"

游戏对于孩子是必不可少的，游戏不仅能锻炼社交能力、探索世界，还是一种学习的方式。游戏对于孩子有相当大的吸引力，能让孩子更易于接受他不太想学的东西。游戏是一把万能钥匙。

宝宝不肯吃土豆泥？你可以把勺子变成小卡车，把货物放进车库里。孩子不肯上床睡觉？爸爸可以变身为摩托车带他在屋子里转一圈，然后"摩托车"要休息啦，小乘客也该上床睡觉了。孩子不想洗澡？一个会游泳的玩具加上潜水面罩，然后你就看他玩吧……

但游戏的价值不止于此，它还为创造和尝试提供了无限的空间。游戏提供了很多的可能性，让孩子去扮演想象中的或者现实中的人物，并带着这个角色的所有"资源"，包括素质、能力、技能、策略等，去练习该怎么思考、怎么说、怎么做、怎么感受，等等。

通过把自己和扮演的人物进行比较，去模仿或想象这个人物的各种经历，孩子会建立起自己的个性。游戏还可以发泄情绪，既表达攻击性又不会造成伤害，游戏可以让孩子大哭、大笑、创造奇迹，必要的时候还能来个圆满的结局以缓解现实层面的压力。游戏就像做梦一样，一切都有可能，而且不存在危险，因为它是"假的"，而大脑却会把这些假的都"当成真的"，然后不需要强迫自己就学会了。

案例分析

"我家孩子 4 岁了，但他总是不愿意和人打招呼、说再见，甚至是他熟悉的朋友、家人也不愿意。有客人来时，我们叫他出来打招呼，他总是躲在大人身后，不看别人，也不说话。这种时候，我们就会觉得尴尬，会觉得'不好意思'。不知道孩子为什么会这样，也不知道该怎样做才能让孩子学会懂礼貌，还是干脆放弃呢？"

　　和很多其他知识一样，社会守则也是需要学习的。有效教育没有"放弃"一说，而是为学习提供良好的条件和环境，同时要考虑到孩子的能力和需求，避免使用强硬手段和情绪操控。

　　儿童是一种小型哺乳动物，具有非常活跃的反射记忆，但礼貌不包含在内。当一个人想接近孩子，进入他的个人空间，比如说想摸摸他，脸贴脸地和他说话，亲亲他的脸蛋等，如果这个人不是孩子的主要依恋对象，孩子就会表现出退缩，会"躲在妈妈身后"寻求保护。要"驯服"这种反射，把这种反射改变成一种恰当的社交行为是需要学习和时间的。如果在学习过程中，我们没有把这些反应当成一种自然的反应，而是觉得反常，尤其是当家长有主观判断、感到尴尬、觉得必须和对方说"不好意思"或者有负罪感，那么打招呼或说再见这些行为一旦与负面情绪相关联，就会抑制认知功能并减慢学习速度。

那么对于学步期的孩子，我们该怎么教孩子懂礼貌呢？办法就是，把孩子抱在怀里，给他安全感，陪着他去学习，为学习礼貌性的互动提供有利的环境，不使用暴力，也不强迫他。这个不难，因为小宝宝的自然反应就是要抱抱，但你的孩子现在4岁了，已经不是小宝宝了，而且这种情况持续了很长时间。我建议这位妈妈把所有这些都告诉孩子，因为孩子需要知道在他身上到底发生了什么，否则他会觉得"奇怪"，会对自己感到"陌生"，然后告诉他不管他有什么情绪，你都会陪伴他、帮助他。下次出现这种情况的时候，妈妈自己不要担心别人会怎么看你，因为往往是这一点阻碍了你，然后用我上面描述的方法来帮助他学习社交行为。

"孩子要是在柜子和冰箱里发现有好吃的甜食就会吵着要吃，如果这时候正好要吃饭了，该怎样让孩子好好吃饭呢？怎样才能让他知道我们给他吃的东西对他的身体有好处，让他不挑食，少吃甜的东西？"

孩子本能地会吃"他想吃的东西"，而不是你让他吃什么他就吃什么，或者吃他不喜欢吃的东西，尤其是当他知道家里还有其他东西可以吃的时候，他就更不想去吃了，这是一个硬道理。随着语言表达能力和自信心的增强，一般在孩子 18 个月左右会开始出现这种现象。对于 6 到 7 岁的孩子，还不能掌握"对身体有好处"这个概念，因为它不符合任何即时、实际的经验。比如说他把手放在烧开的锅子上，手立马会被烫到，这就是一个实际的经验，并且具有因果关系，可以促进学习，但是，他吃了糖，实际的经验是他觉得开心，并且这个经验和"对牙齿有害"没有任何关系，所以，"对身体有好处（或坏处）"是一个无效的信息。

孩子不肯吃饭时，不要用威胁、恐吓、硬塞等方式强迫他吃，这些方式会造成创伤，和我们的初衷是背道而驰的。但是，为了避免孩子大哭大闹，他要什么就给什么，也是不行的。所以，孩子想吃甜的东西，或者含糖饮料，或者其他不健康的食物，你可以说"不"，但同时要接纳他的沮丧情绪："妈妈知道这很难，妈妈很理解，你现在觉得不好受，想哭、想叫、想跺脚，妈妈知道你不是故意的，妈妈在，妈妈抱抱……待会儿你觉得好一点了，不生气了，可以来和妈妈一起吃饭，糖吃多了对身体不好，你生气的时候，妈妈可以等你、陪你。"

发泄情绪能让把我们把身体里的伤痛释放出来。比如小宝宝摔跤了，哭了，你可以安慰他说："啊呀，宝宝痛痛，可怜的小家伙，妈妈来了，妈妈亲亲，妈妈帮你吹吹，放心，很快就好了。"哭了以后他就会感觉好一点。沮丧带来的难受和愤怒也是一样的，这个过程很"黑暗"，但沮丧是必经之路，孩子正在学习保持营养平衡的方法，妈妈可以用你的善意和爱心陪伴孩子学习，不要强迫他，不要觉得孩子是在"无理取闹"（不存在"无理取闹"的行为），也不要压抑孩子的感受。同时要注意一点，如果你自己做不到，自己随时随地想吃什么就吃什么，那么这种教育就是无效的、是强迫性的。记住，没有榜样，就谈不上学习。

"我家孩子不肯吃没吃过的东西，听说有一种恐惧症是对没吃过的食物感到恐惧，该怎么办呢？"

"新食物恐惧症"这个概念会误导人：它不是恐惧症，而是一个发育阶段，一般从孩子 18 个月左右一直持续到 6、7 岁，是孩子尝试了某些质地、口味的食物，经历了不舒服的体验之后做出的反应。当孩子吃某些东西时感到厌恶、发冷，或者不舒服，比如酸、苦、粘、黏稠，或者吞咽时有窒息感等，就会产生怀疑，继而拒绝尝试之前没有吃过的食物。这时候你要温柔地对待他，不要强迫他，不要把这个拒绝看成一种决定，而是去理解孩子拒绝背后的情绪。在孩子的情绪得到缓和之前，想要说服他是没有意义的（关于这个话题请参见"妙招 2"）。但不能因此为了让孩子容易"吃下去"就只给他吃流质的食物或甜食。要让孩子听话，我们要有一点灵活性。如果孩子害怕被强迫，他就会一直拒绝。当孩子感到被尊重，他就会乖乖服软。所以，我们可以允许孩子吐出来，再尝一次，必要时再吐一次，不要责怪他。我建议尝三遍，第一遍让孩子感受担忧和惊奇，第二遍是真正的品尝，第三遍让孩子自己决定是"想吃还是不想吃"。最终，我们通过游戏、通过改变环境营造出一种和谐的氛围，既不担心失败，也不生气，同时对孩子充满信心。

> **"**我女儿刚满3岁，还有3个月就要上幼儿园了。我很有耐心地和她说尿尿要尿在马桶里或者便盆里。我帮她把尿布脱掉，让她想尿尿的时候告诉我，但她每次都来不及说。很多孩子在她这个年龄已经很'干净'了，该怎样帮助她顺利度过这个阶段呢？**"**

对大小便的控制是孩子自身慢慢发展出来的，而不是靠学习来的。如果孩子"来不及说"，说明她很清楚你对她的要求，只是没有憋住尿，所以没有时间来告诉你。孩子要上幼儿园了还不会自己大小便，父母往往会有些着急，这一点我很理解，所以我经常建议这些父母利用暑假的时间，不给孩子穿尿布，也不要穿内裤，大小便用便盆，让孩子更好地感觉和观察到底发生了什么。一般来说，孩子到了 4 岁基本上白天都能自己控制大小便，4 岁以后，晚上他也能自己控制大小便。在能自然控制大小便之前，那些"干净"的孩子，是因为大人要求他撒尿，而不是他的身体需要撒尿，比如白天频繁地让孩子坐在便盆上，还要忍受频繁发生的"意外"。能自然控制大小便的孩子不会发生"意外"，除非长时间不准他上厕所，或者孩子情绪过于激烈时才会尿裤子。

"我儿子现在 13 个月，一位精神运动康复师告诉我说，只要孩子能够自己上楼梯，他在'生理上'就准备好用便盆大小便了。我儿子 10 个月就会走路了，而且他还会跑着上楼梯！但是这个年龄段训练他大小便会不会太早了？他能听懂吗？我该怎么做呢？"

　　我们在前面已经谈到，对大小便的控制是孩子自身慢慢发展出来的，而不是靠学习来的。相反，他需要学习的是脱裤子，走到便盆那里（或者叫别人带他过去），站着撒尿，等等。憋住尿不是靠学会的，孩子自己就能做到，往往在孩子 24 个月到 36 个月，先是白天，然后是晚上。不过和许多规则一样，这里也会有例外。关于走路的说法在育儿课堂里已经是一个过时的"知识"了，走路除了和"锻炼肌肉"有关，和其他没有任何关系，不仅和反射能力没关系，和认知能力的关系就更别提了。公平地讲，更好的说法是：就算孩子能够自己上楼梯，也不能认为他已经能够控制自己的肌肉去控制大小便，而且这句话反过来说也是不对的。如果你想测试孩子控制大小便的能力，可以把他的尿布和内裤都脱掉，给他准备好一个便盆，告诉他便盆怎么用（好让他看到自己尿尿），告诉他怎么脱裤子……但是对一个 13 个月大的宝宝来说，这个过程会很困难、很辛苦，对你来说也是一样的。但你如果等到他能口头表达的时候，等到他自己有需求的时候，就不是强迫性的了，而是一个自然而然的过程。

"我儿子 3 岁了，白天很'干净'，晚上还穿着尿布。他大小便都会便在便盆或马桶里，但是这几个星期，他只有穿着尿布才会大便。我闻到臭味就问他是不是在尿布里大便了，他说没有，还不让我们换尿布。这种退步正常吗？我该怎么处理呢？"

你家孩子正在经历的不是退步，而是进步。几个星期以前，他还没有意识到大便时在他身上到底发生了什么，现在他认识到了"便便是从自己身上冒出来的"。对于有些孩子来说，想到自己的便便消失在马桶里，或者被丢进垃圾桶里，可能会成为他焦虑的一个主要来源。这就是为什么你的孩子想拉在尿布里，而且不让你把尿布换下来。所以，首先，要处理他的情绪（参照"妙招 2"里提到的内容），接纳他的情绪，并给他解释在他身上发生了什么。因为情绪是一种反射，他自己也不知道为什么不想便在便盆里，所以他没有办法解释，那么就需要你来给他解释。告诉他，这对他来说很难，他心里很难过，你想给他换尿布的时候，他想逃跑，这些你都看到了，而且你能理解。同时，慢慢地让他习惯去看尿布里的便便，告诉他便便是怎么来的，同时告诉他你愿意给他时间，等到他自己想把大便倒进马桶里了再冲水，不要打击他，这个过程是少不了的。

"孩子是怎么学会撒谎的？怎样才能让孩子说实话呢？"

对于 7 岁以下的孩子，我们所说的"撒谎"要么是孩子经过内在的过滤器，比如通过自己的想象力、故事或者他对世界的看法改编后的一种解读，要么就是对时间概念不清而混淆了事件和因果关系，或者只是还没搞清楚问题是什么，孩子无意识地按照他认为别人所期待的或者暗示的，做出的一种"镜像"回答。比如，如果我们问一个 4 岁的孩子"老师惩罚了孩子吗？"或者"谁谁谁推你了吗？"，孩子往往会回答"是的"，但这个"是的"只是头脑里的一个信号，是一种对暗示的自动镜映，所以这不是撒谎，而是成年人与孩子沟通，以及解读孩子的回答方面出了问题。但当我们说孩子

"撒谎"，孩子就知道了"撒谎"这个概念。孩子故意地、有意识地撒谎一般会出现在 6 岁左右，表现为欺骗和隐瞒，这时身边的成年人往往会一次次地揭穿孩子的谎言，让他产生内疚感，从而激发了孩子的想象力去编造更"高级"的谎言，撒谎也就变得越来越"老练"，所以成年人，包括父母和老师，以及环境，包括媒体、学校、社会等应该为这个现象负责。

孩子所有的行为，除了生理反射，都是习得的，撒谎也是。学习撒谎有好几种方法，下面我来给你一一介绍，你就能"解锁"自己的教育方式，从而积极去调整自己的教育方法。

首先，家长自己不要撒谎，因为我们对孩子撒谎，就等于在教孩子撒谎。比如我们答应了什么事情却没有做到，然后对孩子说"我忘记了"，或者更糟糕的说法"我从来没有答应过，我说的是有可能……"，我们就是在通过"吹牛"来操纵孩子——"喝点汤吧，你会长高高"，"圣诞老人只给乖孩子送礼物"，等等。

其次，是不要无意识地暗示。孩子"撒谎"的

时候，其实他只是从他的角度在讲故事，而当我们
怀疑他撒谎，就是在诱导他，因为所有的暗示，甚
至是消极暗示，都会在孩子的无意识里形成一种现
实（参见"妙招 5"）。

最后，也是最重要的一点，当孩子说实话的时
候，我们不要用暴力去逼他撒谎。比如，一个孩子
说自己做错了事，或者犯了错误，比如说在学校里
表现不好、摔坏了东西、没有按老师的要求去做事，
孩子说了以后我们对他训斥责骂，或者即使不指
责，仅仅是表现出失望，孩子就学到了"与其被骂，
我还不如撒谎"。有时候表扬和奖励也是在教孩子
说谎，孩子会对表扬产生依赖性，诱导他说谎来感
到自己有价值，或者拿到奖励。

记得要允许孩子犯错，而不是让他害怕犯错。
为了重建信心，孩子需要一遍又一遍去感受到说实
话的好处大于撒谎。撒谎是孩子的一种力量，而且
是一种主导力量，这种力量让孩子选择去保护自
己，去得到大人不给他的东西。最不好的一种做法
就是羞辱孩子，让他屈服、逼他说实话，最后还惩
罚他。对付孩子撒谎最好的解药，是平等。

> 我不想给孩子喝汽水、吃垃圾食品，但是他看到表哥或者其他小朋友喝汽水，就会问我为什么他不能喝。而且我不想让孩子一个人在马路上骑自行车，但是他看到别的小朋友也在骑……我跟他说'吃这个东西对身体不好'或者说'在路上骑车有危险，车子会撞到你'，但孩子说'那别人喝汽水怎么不生病？''别担心，我会小心的'。要怎么才能让孩子听懂我的话呢？

我们不要把"听懂"和"接受"混淆起来，要是你想让孩子听话，那么你给孩子讲道理，孩子也会给你讲道理，这不是因为孩子"没听懂"，而是孩子觉得你没听懂，孩子就是你的一面镜子。你给孩子讲道理，等于在告诉他，"这是可以商量的"，所以孩子就和你商量了。如果你决定不给孩子喝汽水，即使周围的小朋友都在喝你也不给他喝，首先你要有一个很好的、正当的理由，而这里真正发生的，是你在为孩子做决定，你在为孩子选择不喝汽水，这就会引起冲突，因为这是一场权利战争，孩子变成了你的对手，而这一切都是你引发的。

　　相反，如果你能做到以身作则，不用权威压制孩子，就可以从孩子的需求出发去思考这个需求背后他真正想要的是什么，然后去衡量要不要满足他。比如孩子要求喝汽水，其实和汽水相比，他更看重的是社交。所以我们在制订规则的时候就要考虑到孩子的归属感：在家里不能喝汽水，但如果别的小朋友过生日请你去他家，你就可以喝。如果你打权威牌，就难免会引发权利争夺战。在食物方面，你不想给孩子吃的东西不要买就可以了，告诉他"就算别人家孩子可以吃，我们家不吃"。对于孩子吃什么好、什么不好，每个父母都有自己的想法，但是实际操作起来要考虑到是否可行，你不要把一包糖放在一个 3 岁孩子面前跟他说"我相信你不会吃"。

　　不过呢，要是你希望有一种方法既能让孩子听话，又不哭闹，这种方法还真是没有。你的态度要坚决，要接纳孩子的不满情绪，还要考虑到孩子的想法。要是孩子想喝威士忌，说"不"对你来说一点都不难，对吗？往往你的立场不坚定，孩子就会钻空子。

　　我们再来说一下骑自行车。你不想给孩子骑自行车是因为你恐惧。这种恐惧有道理吗？也许有，也许没有，不过不管怎么样，问题都还没有发生。要知道"有没有道理"不是孩子的问题，而是父母的问题，是父母的一个观点。最重要的是不要骗孩子，不要掩盖现实。如果你和他说"车子有可能会撞到你"，你并不是在告诉他真正的原因，而真正的原因是你要为他的安全负责，所以你觉得在马路上骑车对他来说不合适。你权衡利弊，觉得风险很大。孩子有权提出疑问，有权不同意你的意见，如果你的担心真的没有道理，有可能你会改变想法。不管在什么情况下，和孩子之间的沟通都不应该以孩子同意或"理解"为目的，同时要允许孩子表达失望，发泄不满情绪，因为情绪让他知道在他身上发生了什么。

妙招 2

情商决定一个人的发展水平

▼▼▼▼

情绪为我们调整行为

和理解环境提供了必不可少的信息，

我们理解了行为和环境的相关性后就会去学习。

如果能够教孩子 "解码" 情绪并善加利用，

孩子便会一步步走向卓越。

感觉永远不会说谎。感觉，指的是所有的情绪，我们内在所感知到的一切，也包括我们身体所感受到的。感觉是身体给我们发出的信息，它告诉我们这个体验是好还是不好，尽管这其中有成千上万的细微差别，但它能激发积极的学习行为，也能激发不良的，甚至是有害的行为。

什么是情绪？

情绪能够让孩子理解自己所处的环境，并根据自己的需求去调整学习内容。我们要教孩子认识情绪、接纳情绪、辨别情绪、充分利用情绪，并且能够表达自己的情绪，其中表达情绪是最终目的。孩子很小的时候，虽然还不知道发生了什么事，就已经能够感受到情绪。他感受到一些东西，觉得很强大，因为这些东西会让自己的身体有反应，比如会让他笑、大叫、哭、发抖等，但这时候孩子还没有办法去分析或解读，也就是还不能利用情绪去理解到底发生了什么。这时候如果父母否认他的情绪，不让孩子表达，让孩子"不要哭""不要叫"，那么就算他"闭嘴"了，他的情绪也会更强烈。在情绪完成它的"工作"以前，我们无法让它消失。压抑情绪，等于不让孩子去理解在他身上发生了什么，等于在阻碍孩子的发展。

情绪是一种自然反射，我们无法抗拒这种反射！如果我们所做的是让孩子闭嘴，压抑情绪，不让孩子发泄情绪，那么被我们压抑的情绪不是消失了，而是储存起来了，因为没有被及时表达，还会引发其他情绪。情绪就好比有人敲门，他知道你就在那里，你可以假装听不见，不给他开门，然后情绪就会一直等着，这期间他会时不时地来敲门，为了能让你听见他会敲得越来越大声。有时他还会不耐烦——当情绪积累得太多，就会不耐烦了——他会撞门，这就是情绪爆发的表现。如果你还是不去开门，情绪会不断倾泻并失控，你就会抑郁。

一个人能否学会处理情绪，和他成年以后的幸福感是直接挂钩的。所以，这方面的学习对孩子来说是非常重要的一项学习内容。如果所有要学的内容里面只能选一个，那么就是学会处理自己的情绪！

所有的情绪都应该被接纳

　　孩子的情绪可能会在我们内心激发同样的负面情绪，而且看到孩子为情绪挣扎会让我们也很难受，父母有责任用有效的教育方式，去陪伴孩子体验情绪。父母要做的是一边陪伴，一边教导。当孩子说的话不恰当，让我们不开心的时候，比如我们提出一项要求，孩子表示反对，孩子哭闹、跺脚，他就是在表达负面情绪。与其把注意力放在他讲了什么上面，不如去关注和陪伴孩子的情绪，先和孩子聊聊他感受到的是什么，而不是他的表达方式有什么不对，或者解释为什么他会有这种情绪。最重要的是，我们要先帮助孩子表达自己。

　　一个孩子哭了，如果我们带着同理心去告诉他（这里的同理心不是一种姿态，而是一种内在状态）："你有权利哭，因为你感觉到有哭的需要，我看到你很难过（或者你很生气、你很害怕）。如果你愿意的话，可以到我怀里来哭一会儿……会过去的，我在这里……"然后一切就过去了。情绪被看见、被接纳、被陪伴以后总是会过去的。

如果孩子因为伤心、愤怒或恐惧而哭泣，我们可以告诉他这个情绪是什么："你哭了是因为你很伤心，这种情况下伤心是正常的。"如果他感到害怕，我们可以告诉他："你有权利害怕……"即使危险不是真实存在的。这里并不是非要孩子去接纳让他害怕的事物，而是给他害怕的权利。永远不要忘记同理心，感受孩子的痛苦，帮助他，而不是去评判他。他越是感受到自己被理解，情绪就过去得越快，孩子就会继续前进并且得到成长。记住，情绪一旦被表达就不再是内在的了，而且表达情绪往往比压抑情绪要好。

情绪过于激动就会"发作"

情绪激动总是会有一个或多个原因，我们把情绪激动称为"发作"。请记住，由此产生的每种行为都有积极的含义、意义和意图在里面。

如果我们不去看情绪的背后想表达什么，那么当情绪被长时间压抑以后，大脑会调动身体全部的力量去释放紧张情绪，释放它所承受的精神压抑。当孩子在外面压抑自己的天性去遵守规定时，经常会有这种情况发生。妈妈一来，孩子就开始"发脾气"，比如踩脚、在地上打滚、尖叫等。要疗愈他，需要我们温柔地陪伴孩子，让他奔跑，把他从紧张的情绪里解放出来，同时我们不要生自己的气，也不要因为孩子的情绪感到内疚，因为作为孩子的依恋对象，这正是父母所要扮演的角色，孩子知道和父母在一起时他可以安全地"释放"情绪。

当父母否认孩子，或者没有照顾好孩子时，孩子往往会用情绪来表达自己的不满意。有时候大人会觉得孩子"很夸张"，觉得他在"表演"，但孩子的这种表现是无意识的，这是他脑子里能想到的满足自己需求的最好的办法了。要疗愈他，我们需要接纳孩子对情绪的表达，同时郑重地向孩子道歉——"对不起，虽然我不相信你的话，但我看到它影响到你了……"然后下一次在孩子"发作"之前，我们鼓励他说出自己的需求。

最后，情绪"发作"的情况可能会让孩子无意识地、自发地学到了，他可以通过暴力来达到自己的目标。在公共场合哭闹的孩子就属于这种情况，因为他在潜意识里知道父母会屈服（我坚持认为：没有孩子会在 7 到 8 岁之前有意识地去操控）。要疗愈他，需要旁边有几个观众，可以是陌生人，也可以是熟悉的人，在一旁看着，甚至指指点点，这时候你不要屈服，始终做到接纳孩子的情绪，直到他体验到在地上大哭大闹没有意义，改变不了大人的决定。当然了，这个办法仅仅针对沮丧本身，而不是孩子在需求没有被满足时发生的情绪困扰（回应孩子的需求并不代表满足所有需求）。

如何鼓励孩子表达情绪？

我们在做到接纳、识别、描述和允许情绪产生以后，就应该鼓励孩子去表达情绪。这一步的关键是不要去问"为什么"。因为回答这个问题需要分析，而孩子处于情绪激动状态时是无法进行分析的。正确的问题是"怎么了"，你可以带着同理心去观察，然后提问：你正在发生什么，你感觉身体怎么样？肚子痛吗？喉咙哽咽了吗？眼睛痒吗？牙齿咬紧了吗？……然后继续问：怎么才能让这个情绪消失？要不要一起出去走走？要抱抱吗？想哭吗？

当然了，如果孩子因为某个要求被拒绝而产生情绪，那么我们该拒绝还是要拒绝的，不过我们可以说清楚哪些是可以讨价还价的，哪些是不能的，这样孩子才能理解哪些是他可以改变的，哪些是可以推后再做的，哪些最好是乖乖照做的，因为他改变不了。一旦我们允许情绪产生，并把情绪表达出来，就好比那个敲门的人进来以后，又出去了，我们关上门，他也就不会再回来了。之后我们再给孩子总结一下，是什么让他害怕；如果孩子的情绪是愤怒，那么我们就不要再提引起愤怒的那个点，以免再次引发愤怒；但是悲伤需要特殊对待，我们会到后面再讲。这个时候学习才会发生，根据不同的情况会有不同的形式，但总会帮助孩子疏导负面情绪，从而获得更多的处理情绪的方法。

从体验到学习

人类体验的过程是这样的：首先是事件，也称为刺激；接着是感官知觉，即我看到的，我听到的，我感觉到的；然后是情绪，也就是我的内在发生了什么，我的感觉是什么；再然后是反应，我所想的，所说的，所做的；最后是学习，也就是我有意识和无意识中记住的内容。

为了让这种学习有教育意义，从而推动认知和能力的提升，我们必须把引起这种反应的情绪表达出来。情绪的使命是"流动"，有开始，有过程，有结束。当情绪的流动被阻碍了，那么这个体验就不能带来学习，因为被阻碍的情绪占据了大脑的"所有空间"，它阻碍了我们分析、记忆和使用大脑。

对孩子来说更是如此，孩子不仅需要表达情绪，还需要得到成年人的倾听和接纳，成年人有责任让整个过程顺利地进行。

在有效教育里，有三种基本情绪是需要学习的，包括恐惧、愤怒和悲伤。情绪管理应该从孩子小时候就开始学习，而这三种基本情绪可谓"三大支柱"。

恐惧是暂时的，学着驯服它

恐惧是一种反射，从一出生就会引起反应。小宝宝怕吵，怕摔跤，怕陌生的面孔，怕惊吓。

给他吃他不喜欢或者没吃过的东西时，他会觉得害怕。每一次新发现都可能让孩子学会驯服新的事物，驯服恐惧的前提是我们能尊重它。

不要故意让孩子处在恐惧的境地，因为这样的话他虽然经历恐惧，却会发现其实没有危险。同样，一个孩子受到刺激而感到害怕，这时候你和他去"讲道理"也是没有用的，因为在这个状态下他根本听不进去。一般来讲，对很小的孩子来说，他还不能把恐惧和真正的危险联系起来，但听到一扇门吱呀作响，或者某个阿姨猛地亲了他一口，他就会哭。

即使没有危险，人也会害怕，所以，不要让孩子处在让他害怕的情境中，因为这种"没有危险"只是成年人的判断。如果一个孩子害怕，在情绪产生时我们先要把引起害怕的刺激点找出来，然后告诉他发生了什么情况，让他理解。比如我们告诉孩子："你怕那个阿姨，因为你不认识她，她亲了你一口，你被吓到了。我们被吓到时感到害怕是正常的，它会过去的。"最重要的是，对于孩子的恐惧我们不要太过担心，因为如果孩子的恐惧在我们内心也激起恐惧，孩子原本的恐惧就会被放大。

如果我们能够陪伴孩子的情绪，而不是压抑，能够允许孩子学着去克服恐惧，那么孩子的恐惧便是暂时的。

孩子越长大，对于生活经历的恐惧就越多，遇到以往类似的经历他就会害怕。此外，恐惧也可能是由想法引起的，如果一个孩子说他怕怪兽，这个时候没有必要告诉他怪兽不存在，因为他已经知道了！这种害怕往往或多或少地跟过去发生的事件有关系，包括故事、游戏、电影等所引起的感官刺激，从而导致身体出现呼吸加快、心跳剧烈、发抖、肠痉挛等，有时候这种反应会比暴露在真实的危险里更强烈。

引起恐惧的想法如果被压抑，比如我们对孩子说"这个根本不存在，没理由害怕的"，或者因此而笑话孩子，那么即使令他害怕的场景根本不存在，也会引发孩子持续的焦虑。恐惧被抑制后会引发潜在的不安全感，这种不安全感往往会在孩子身上通过症状表现出来，比如饮食、睡眠方面的问题，也涉及认知功能，包括记忆、注意力或理解能力出现问题。

愤怒像一种力量，学着控制它

孩子的恐惧会让父母感到担忧，而孩子的愤怒却常常让父母恐惧。愤怒这个情绪的主要功能，在某种程度上是让愤怒的对象感到恐惧。

儿童最常见的情绪是沮丧、羞耻感、嫉妒，以及对某些刺激的其他感受。在这些感受中，我们注意到愤怒是占主导地位的，而且愤怒很难压抑，会反复出现。孩子可能会"生闷气"，会不理人，因为他看到周围的成年人也是这么做的，然后他就从成年人或者其他孩子身上学到了，也有可能因为其他的表达方式被禁止了。"生闷气"不是表达愤怒的方式，只是愤怒的一种表现。

人在愤怒时很难"保持冷静"，在大多数情况下，愤怒会让孩子拼命地表达自己，大喊大叫、哭、跺脚，以及其他攻击性的表现。怒火"爆发"了，我们要做的是引导，而不是遏制，要教孩子通过了解"什么是愤怒"来识别情绪，教孩子不用暴力行为来表达愤怒，也就是尊重对方，同时不攻击自己的身体。比如我们可以对孩子说："你很生气，因为我说不行，生气是正常的；我也一样，被拒绝的时候我会生气。你有权利表达愤怒，你可以说出来，也可以大喊大叫，在床上跳来跳去，但是不要伤害到我，不能在我耳边大叫、不能骂我，也不能打我。"

帮助孩子表达愤怒

如果孩子在表达愤怒方面有困难，父母要为孩子保留一个安全的空间：可以准备一块地毯放在柜子里，要用的时候拿出来，孩子可以在上面休息，也可以走走、跳来跳去、跺脚……随意说出自己想说的话和自己的感觉："我受够了，我总是小心翼翼，但弟弟就可以那样，真是太不公平了，都怪爸爸妈妈。"表达出来以后，我们可以把地毯拿到阳台或者门外晃一晃，然后收起来。这块地毯是一个"日常用品"，也就是说，不是在情绪爆发的时候才拿出来，而是可以每天拿出来用一用，比如每天孩子放学回家的时候给他发泄一下。另外，孩子可以从你身上获得力量。如果他想一个人待一会儿，那么你就尊重他，我说的是真正意义上的尊重，不是你跑到他房间门口去偷听；如果他要你陪着他（一般情况是这样），你就陪伴、倾听，不要评论，也不要解释，鼓励他进一步探索："你身体感觉怎么样？要怎么做才可以帮到你？"尤其不要说："真的吗？我怎么不知道，我会和老师说的。"因为这个空间是私密的，是属于他一个人的，和其他人没有关系。

如果孩子经常看到周围的成年人用尊重的方式来表达愤怒，那么学习表达愤怒对他来说就会容易很多。如果父母也是通过暴力来表达愤怒的，可能就需要有另一个家庭成员来支持，因为如果没有榜样，孩子就做不到。为了让孩子更轻松地表达愤怒，我们必须承认孩子的感受是正当的，必须对孩子说："我知道我刚才说的或者我刚才做的让你不开心了，对不起，我不是故意这么说或者这么做的，而且你有权利不满意，也有权利表达愤怒。"只有这样，才能鼓励孩子表达愤怒，并且让孩子知道愤怒过后，如果他愿意的话，还可以继续讨论这个话题。

我坚持认为，如果一个孩子遭到暴力对待，我

们不应该叫他去平息愤怒，因为愤怒是一种强大的情绪，它会从内心最深处汲取力量，对当前情况做出反应，并改变这种情况对自己的影响。相反，暴力所表达的是对自身乃至对环境的无力感。暴力不仅仅是身体上的，语言上的虐待对孩子同样具有破坏性。侮辱、贬低、指责、惩罚……对孩子来说都是严重的暴力，不管孩子是暴力的对象还是旁观者。孩子会表现出暴力，和他自身遭受过暴力是分不开的。

当孩子的恐惧积累到一定程度却无法表达的时候，尤其是当恐惧和一种无法摆脱的羞耻感联系在一起的时候（这种羞耻感包括害怕被评判、害怕失望、害怕被嘲笑等），就会引发愤怒。一般来说，所有的情绪组合都会导致愤怒。所以当我们看到一个孩子无缘无故地发脾气时，要先想一想之前发生了什么，有哪些情绪被压抑了。

无论导致愤怒的原因是什么，把愤怒表达出来都非常重要，因为这样可以避免暴力，理解这一点对父母和孩子来说都很有必要。不要把"控制愤怒"和"控制自己"混淆起来，愤怒一旦被克制，就会引起肌肉收缩和疼痛，包括额头、下颌、肠胃的不舒服等，从而迫使个体把紧张感释放出去。如果这种紧张感得不到释放，就会引发极度的疲劳，因为克制愤怒需要消耗大量的能量。而且，习惯性地克制愤怒会让一个人不再有愤怒的感觉，那么身体的情绪就会用躯体化①的形式表现出来。最后，要知道，如果一味地压制孩子的愤怒，往往会让愤怒转变成悲伤。

悲伤，一种沉默的情绪

悲伤对孩子来说是一种不可避免的情绪，但接纳孩子的悲伤对成年人来说往往很难。孩子最初的悲伤出现在和妈妈分离的时候，他需要通过悲伤来理解分离。悲伤如果不被接纳，就不会得到缓解。所以，当孩子悲伤的时候，我们应该像接纳其他情绪一样去接纳孩子的悲伤。

悲伤是一种沉默的情绪。它很容易进来，先前的情绪"把门打开"以后，悲伤就跟着进来了。悲伤一旦进来，往往会比其他情绪持续更长的时间。

---

① 躯体化：一个人有情绪问题或心理障碍，却没有以心理症状表现出来，而转换为各种躯体症状表现出来。

一开始，它比较隐秘，在内心悄悄地涌动，这就是为什么孩子悲伤的时候往往会被我们忽略。这个阶段很微妙，既要尊重孩子悲伤的需要，又要陪伴孩子。榜样能够促进学习，如果成年人在悲伤的时候不习惯性地去掩饰，那么孩子就能更容易地认识和体验自己的悲伤。

当生活发生改变，比如失去亲人、和父母分离，搬家或社交生活发生改变，孩子会无意识地感受到成年人的悲伤，没有人告诉他发生了什么事，他自己也无法诉说。如果成年人忙着掩饰自己的悲伤，那么孩子就没有悲伤的空间了。把自己的悲伤告诉孩子，是在教他无所畏惧地去生活。

抚平悲伤需要时间

我们生活的这个社会既不给我们充足的时间去反省，也不允许我们花时间难受。这就是为什么在必要的时候我们要为孩子去创造这样一个空间，让他慢慢消化内心的悲伤，因为抚平悲伤需要时间，需要我们在生活里出现失败、分离的时候暂时停一停。

悲伤会让我们学着去接受自己无法改变的事物。关于悲伤这个情绪，我们要知道的关键点在于，一个悲伤的孩子，其实他正在消化内心的痛苦，正在准备让自己从悲伤里走出来。

孩子所有的存在性焦虑①里都会隐藏着悲伤。比如孩子会以为他身边所有的人，以及他自己，都会永远地活在这个世界上。然而真相并非如此，一旦他能够感觉到悲伤并把它表达出来，这种存在性焦虑就会消失，从而为接纳悲伤提供了空间。如果我们不给悲伤留出空间，或者留的空间不充分，悲伤就会转变为忧郁，长时间地萦绕在脑海，甚至会渗透到一个人的个性里。

有的孩子说自己"喜欢伤心"，实际上他们喜欢的是去"表达悲伤"，因为悲伤被表达的时候会带出泪水。他们会喜欢诸如《苏菲的不幸》《简·爱》《苦儿流浪记》之类的故事，也会自己杜撰出类似

———————————

① 存在性焦虑：源自存在主义，有四个核心命题，分别是死亡、自由、孤独和无意义。凡危及个人生存的因素（如疾病、灾难、死亡等）或危及与生命有同等价值的信念和理想（如地位、名誉、自尊、求知、事业等）的因素都会导致存在性焦虑，是一种主观感受。

孤儿的人物。父母不用为孩子的这种表现担心，这是一种正常的、健康的表现，是孩子在游戏中流露出的一种真情实感。

案例分析

66孩子不肯做某件事情的时候，我们应该怎么做才能避免他情绪失控呢？比如吃药、系安全带、过马路要牵住手、上学、起床等。99

首先，我们要知道，孩子拒绝我们的强度和频率与我们给他施加的暴力是成正比的。孩子被拒绝的次数越多，或者我们越是强迫他，操控他，告诉他什么应该做、必须做、有义务做等，那么孩子拒绝我们时的情绪反应也就越强烈。当一个孩子明明不想做某件事情，而我们却始终想着去说服他，也不管孩子怎么说、怎么想，那么面对这种压迫，孩子内在肯定会产生一种恐慌感和紧迫感。

当小型哺乳动物处于危险时，大脑里有一种反射系统：逃跑（拒绝、退缩）、警报（尖叫、喊叫）

和防卫（愤怒、攻击），造成了这种状态的并不是事件（吃药、系安全带等），而是因为被强迫所产生的恐惧感加上必须立刻做出反应的紧迫感。

所以我们必须告诉孩子，无论发生什么情况，我们都不会强迫他做任何事情，而且只要他还没有准备好，我们就不会想着去说服他。光嘴上这么说还不够，我们要用实际行动去证明，不会"摆布"他，不会用任何方式胁迫他，也不会跟他"软磨硬泡"。

所以当孩子拒绝的时候，你需要先表示同意，再考虑其他因素（除非孩子有危险，这种情况比较少见，不适用于这个原则），这是基础。当一个孩子知道自己不会被强迫，感觉到自己的需要被尊重的时候，我们才可以去要求他。父母往往没有充分地考虑到这一点：礼貌地要求孩子，把孩子当成和我们一样平等的人看待，就像我们对待成年人一样，尊重自己的需要，也尊重他人的需要。比如："请你帮我个忙，在车上系好安全带""感冒了要吃药，早点休息……""你能帮我照顾好自己吗？我需要你照顾好自己，需要你学习怎么好好照顾自己，我需要确保你的安全……"

我们得承认，我们让孩子做的事情对他来说确实没有吸引力，让他不开心，甚至很难受，所以不要再说"对你的身体有好处""为了你好"等诸如此类的话，不如说"我知道这不好玩，我发现你不喜欢，这药味道不好闻……"同时表明你自己也有这样的感受，"你怕药不好吃，是的，药是苦的""你还想再睡会儿，起床好难啊""你很生气，是的，有人来烦我们时，我们就会生气""会过去的，我会帮你"。

不管孩子怎么表现，只要你不想着用暴力去对待他，只要孩子的不愿意和情绪不会让你感到恐慌，只要你始终相信他有能力可以做到你的要求，孩子就不会"发飙"。

"我儿子3岁了，他情绪比较稳定，也很开心，没有什么别的问题，就是当我改变常规做法时他就会哭，而且大哭大闹的。比如说，我们平时早上都是开车去上学，但今天早上出门前，一个朋友说要带孩子来家里和我们一起走路去学校，我和孩子说了以后他不同意，说要乘车去。后来小朋友来了，他还是挺开心的，我们就走路去了。但是走到拐角他又开始哭了，说想乘车，我就给他解释说天气不错，小朋友也在，我们可以一起走路去学校。但是没有用，他哭得越来越厉害，我不知道该怎么办才好。请问在这种情况下我该怎么办呢？应该采取什么态度？我想了很多办法安抚他都没有用，后来嗓门就变大了。大概过了十分钟他才好一点。"

人类是一种焦虑的动物，从进化的角度看，"捕猎"的记忆离我们并不是那么遥远。生活上的秩序能给我们一种安全感，每个人都有各种各样的秩序，它构成了我们生活的基调，当这些基调发生变化时我们就会觉得有压力。儿童的秩序尤其表现在一天当中的关键时刻，比如入睡、醒来、进食、洗漱……以及离开家（小窝）去一个对他来说不太有安全感的地方（更不要说去一个和他依恋对象分离的地方，他会持续地处于一种担心、紧张的状态）。这就是孩子不愿意走路去学校的原因，由此产生的情绪应该是被接纳的。

在你的描述里，我听到有几个地方的做法是"无效的"。首先，当孩子告诉你他想乘车时，你似乎并没有真正听到他的话，对于这个要求你相当于是"滑"过去了。这就加剧了孩子的痛苦，下面的事情也就可以解释了。试想一下，你要去一个地方，这个地方你本身就不大想去，这时候我又建议你走一条不熟悉的路，你说"不，我想乘车去"，然后我拉起你的手就带你走，什么话也不说，也不回应你说的话。你发现我无视你，一开始你会觉得惊讶，惊讶过后你会怎么样？这就是为什么孩子到了拐角突然开始哭闹了……

然后，我一味地给你解释"这对你有好处"，而不是真正地来征求你的意见，这时候你会怎么办？这就是那天早上你对孩子"不知道该怎么办"时发生的事。

然后我想"安抚"你，告诉你没有危险，没有必要害怕。然后我有点生气了，因为我觉得你应该努力去做到我为你决定的事情，最后我"提高嗓门"让你闭嘴，让你违背自己的意愿来服从我，想象一下这种经历！如果你经历过这样的事情，那么下一次我让你离开舒适区（改变常规）时，你就很难信任我，因为你有感觉上的锚点，有痛苦的记忆，有不安全感，你会很怕我再让你经历一次这样的事情。

我建议你在没有获得孩子同意的情况下，不要让他去做他不想做的事情。要做到这一点，你必须首先认识到，孩子对你的拒绝都是有道理的。即使你无法理解他为什么要拒绝，但他的这个"拒绝"本身是有道理的。这和你是一样的，未经你同意，任何人都没有权利让你做某件事情。孩子会拒绝一件事情，是因为他有情绪。我们应该接纳这种情绪，花时间给孩子解释"在他身上发生了什么"，比如说恐惧、焦虑、惊讶、压力，然后我们希望他"理解"什么。要允许他有这些感受，给他时间，通过行为去表达这个感受：恐惧让你退缩，愤怒让你跺脚，恐惧和愤怒让你哭闹，这些都是健康的。最后再去安抚孩子，不是因为"他可以信任你""可以听你话"，而是因为你不会强迫他、操纵他，而是倾听他，回应他的需求。只要孩子没有危险，就不应该在没有征得他同意的情况下强迫他做任何事情。

"我儿子5岁了晚上还穿着尿布。虽然我觉得没什么，但他在自己的妹妹和朋友面前觉得很难为情。妹妹3岁开始晚上就不穿尿布了。他的朋友是一个小女孩，喜欢在学校里因为他穿尿布的事情笑话他。这件事情让他觉得自己很没用，对自己没有信心。每天晚上他都会告诉我他担心不穿尿布会把床尿湿。我跟他说没关系，别的就不知道该说什么了，但我觉得这件事对他影响很大。我该怎么帮助他恢复信心？该怎么和他说呢？"

羞耻感是一种由暴力所引发的情绪，比如和别人比较、被嘲笑、被羞辱、受到惩罚或者得到奖赏，以及在教育孩子时常常把"弟弟妹妹"和"哥哥姐姐"做比较。我建议你告诉孩子，只要他觉得自己需要穿尿布，只要他还没有准备好不穿尿布，他就能一直穿着，而且不管穿不穿尿布你都一样爱他。如果他想试试自己对大小便的控制能力，他可以把尿布拿掉，无论他尿床还是不尿床，都不会改变他自身的价值，因为根据他身体和大脑所掌握的信息，他已经做到了最好。最后告诉他，时间到了他自然就不会尿床了。孩子觉得自己没有价值，是因为他得到了"自己没有价值"的信息：孩子为什么会为尿床担心？是谁在为他担心，导致他自己也担心和内疚？当妹妹不需要学习就能够控制好大小便，是谁在表扬妹妹？我希望父母去思考这些问题，不仅仅是针对大小便的问题，而是包含让孩子产生羞耻感的所有情况。

如果你家孩子对事物的感受性很强，那么最重要的是照顾好他的情绪。如果他来我办公室，我会对他说："你感受到了屈辱，屈辱就好像有人把你推倒在地上，还让你在地上爬，这就是屈辱。屈辱意味着把本来很大的东西变得很小。你觉得受伤了，因为小朋友嘲笑你，让你很伤心，可能还让你生气，让你痛苦，因为你不知道怎么保护自己，因为没有大人，也没有别的小朋友来告诉你，他这么做是不对的，就像打人或咬人一样，这不是爱的表现。现在你有权利去感受自己的感受，因为它很痛，就像我们在地上摔了一跤一样。我也是的，如果一个朋友讲我坏话，还和其他人一起嘲笑我，我会希望自己能像一只小老鼠一样钻到洞里去。但是这种愤怒不应该指向自己，因为你根本没有错，你没有做错任何事情，相反，你做得很好，许多孩子需要很长时间才不用穿尿布，等到时机成熟了你自然就不用穿了。相信自己的身体，我们一起相信它。如果有孩子笑话你，大人应该去阻止他。笑话别人的孩子往往是用取笑别人来觉得自己比别人强，就像有些大人喜欢控制小孩子。只要你想哭，可以每天晚上都哭。你可以想穿尿布，也可以不想穿尿布。你的情绪不会吓到我，也不会伤害到我，因为我在这里是为了帮助你。然后我再告诉你一件事，其实每个人都会尿床的，你的朋友、妈妈、爸爸，每个人都尿过床的……"

你也可以用自己的话对他说。说话的时候中间注意停顿，问问他的想法和感受，让孩子尽量多表达，不要急着给出答案，他需要表达情绪的时候也不要去阻碍他。

这个方法适用于所有和创伤有关的情况，比如孩子犯错了，或者受伤害了，都可以用。

妙招 3

成年人是孩子的"百科全书"？NO!

完美无缺的父母

会阻碍孩子自主能力和自尊心的发展。

孩子的答案即使错了，

也比原封不动地照搬父母要好。

　　每一个成长中的孩子,他们需要能够陈述问题,同时需要有人倾听他、鼓励他(有时是帮助他)来表达自己的情绪和想法,训练推理和分析能力,然后用自己的方法去解决问题,这也是孩子学习独立的一种方式。

问题比答案更重要

　　如果孩子每次提问,成年人每次都直接给出答案"你只需要……",那么你们的对话很可能会围着"对,但是……"打转。如果成年人给出的解决方法是合适的、合逻辑的、可行的,可孩子还是有疑问,那么说明孩子只是听懂了表面意思,没有真正理解其中的道理和利害关系。从长远来看,如果孩子每次提出问题,成年人都"直接给出答案",这种做法会阻碍孩子的独立性。一旦得不到成年人的支持,孩子就会有不安全感。

到了青春期的时候，"你只需要……"这样的回答会让孩子不愿意再继续和你对话，因为成年人所提供的解决办法已经越来越不能满足他的需求，同时他越来越有一种不被理解、不被听到、不被尊重的感觉。但是，如果成年人仅仅是倾听、提问、鼓励孩子去表达自己，而不是给出答案和解决方法，那么孩子就能大胆地和成年人讨论自己所遇到的问题。我说的"提问"，不是为了解决问题去收集信息，也不是让孩子去"陈述问题"，而是鼓励孩子去探索自我。比如说，"你怎么看？""这对你有哪些影响？""你这样想的时候有什么感受？""你现在想怎么做？""你觉得这样做了以后会怎么样？"，等等。

放弃"完美主义"

完美主义的专制必然会导致孩子长期不满和低自尊，因为完美根本就不存在。不如给孩子一个不完美的答案，同时允许孩子犯错。

成年人说"我不知道""我得想一想再回答你""我得问问别人的意见""我前面回答得太快

了，现在发现自己搞错了"等，其实是给了孩子一个很有价值的礼物，这个礼物就是成年人把自己放在和孩子平等的位置上，允许孩子去变得像他一样坚强、聪明、善良。

当成年人发现自己出错了，比如字写错了，或者计算出错了，这时候不妨让孩子来纠正错误，不要觉得懊恼，也不要想着去保持自己无所不知和无懈可击的形象，硬要让孩子觉得你"讲得是有道理的"，比如和孩子说"是因为我的算法和老师不一样"。不如坦然地承认自己弄错了："是的，你说的有道理，我说错了，谢谢你告诉我……"或者说："你看，我也有弄错的时候，每个人都会犯错呢……"

完美主义往往会导致孩子的"成就焦虑"，会让孩子反复检查，造成拖延。

放弃"无所不能"

如果父母能够和孩子建立起一种平等的关系，那么孩子就会对父母、对老师，也对自己产生信任感。

成年人的"无所不知"，会削弱孩子的自尊心，阻碍孩子发现自己的价值。总是想在孩子面前证明自己能力的父母其实是不知不觉地在与孩子竞争，而这种竞争是不公平的，因为比赛的规则是成年人制定的，在这场比赛里他永远是赢家。

此外，在和孩子互动的过程中，当我们意识到自己的某些话、某些行为不合适的时候，当我们后悔说了某句话，或者后悔做了某件事的时候，只需要简单地和孩子说两句就可以了，不要过多地为自己辩解，尤其不要说"我真不该这么做，但是因为你……我才这么做的"。可以直言不讳地告诉孩子："我想说我很后悔这么做"，或者"我刚才情绪上来了，才这么说、这么做的，我觉得这样对你不公平"。如果知道自己做错了还硬要让孩子相信你是有道理的，这种做法有百害而无一利，不如告诉孩子"每个人都会犯错"。

最后，当事情过后我们发现自己犯错了，不管是已经过了几天、几个星期，还是几年，能够承认自己的错误总是好的。

选择的能力

当孩子的个人品味和见解与成年人有所不同，我们需要做的是接纳，而不是轻视、取笑和强迫孩子改变自己的想法，这一点相当重要。成年人往往认为孩子没有自己的思想，必须服从父母（或学校）的权威，因而没有给到孩子选择的余地。我们需要给孩子选择的自由，然后尊重他的选择。

因为学习在很大程度上取决于一个人选择的能力。一个孩子越能够坚定、快速地做出选择，那么他在执行认知任务，也就是学习的时候就会越放松。锻炼选择的能力可以提高孩子的自尊心和自信心，从而让孩子变得优秀。但是，做选择也意味着冒风险，意味着犯错和失败。造成孩子举棋不定、疑惑不解，最终出现学习困难的最常见的原因是，明确地告诉孩子或者暗示孩子他不能犯错误。父母、学校和社会往往会要求孩子"表现好"，其实这对孩子来说是一种阻碍，孩子越害怕"失败"，他做选择就会越慢、越优柔寡断，当情绪状态不允许大脑学习时，他甚至无法做出选择。

我们认为的"懒惰"往往是一种拖延，也就是

把自己现在要做的事情推迟到以后再做，这是一种无意识的回避策略，大部分情况下，我们用"拖延"来防御对自己"表现好坏"的焦虑。

案例分析

"我女儿今年 7 岁，她总是想证明自己是对的，即使我们给她指出错误，她也觉得自己有道理，所以我们之间一直冲突不断。我们觉得她是故意的，好像她什么都懂。比如她给我们讲述一件事情，她说这件事情发生在外婆家，但我们知道这件事明明发生在自己家里，因为那天我们也在。她就很固执，非要说自己是对的。"

我觉得重要的是，我们去相信她所相信的事物。这里的重点不在于去说服她，而是缓和你们之间的关系，改变她的行为模式。当然我并不建议你假装自己相信她，但是你可以告诉她，如果她记忆里事情是这样的，那没关系，因为每个人看事情的角度不同。然后你可以说："妈妈相信你说的话，妈妈知道你经历的就是那样的，所以在你记忆里就这样记录下来了，你也和我说一遍同样的话，好吗？"这样一来，你们之间的关系就不再是围绕着"对与错"而展开了。请记住，只有在遇到喜欢居高临下的成年人时（"我知道的比你多"），孩子才会"想证明自己是对的"，所以你需要做的是为孩子树立一个榜样，而不是谈论对错。

> 孩子到了青春期，完全不听我们的话，不觉得自己的行为有任何危险，我们该拿他怎么办？比如我们叫他不要一天到晚上网，因为他晚上睡得晚，早上就起不了床，学习成绩也下降了……我们跟他说，他还说没事，说一切都正常。该怎么说服他，让他明白父母和老师知道什么对他好、什么对他不好？

在孩子成长过程中，青春期困境是一个必经之路，也是一个饱受折磨的阶段。对孩子来说，这是一个动荡期；对父母来说，所有的规则在这个阶段都要被质疑，特别是当你一直用父母的身份压制孩子，管得很紧的时候。在这个时期，一切都颠倒了：

孩子以前喜欢的东西，现在不喜欢了。朋友换了，口味变了，观点也变了，简直彻头彻尾地变了，因为他的内心在经历一场"地震"，他的身体和大脑以惊人的速度在发展。在很短的时间里，体内分泌的激素把儿童变成了年轻人，所以他的需求也和以前完全不一样了。

一般来讲，女孩到了 10 岁左右，男孩到了 12 岁左右，大脑就开始发生变化，青春期拉开了序幕，然后过渡到成年期。在这些变化里，"生长高峰"会破坏孩子身体的平衡，所以成年人的行为也要相应地改变：孩子走路会变慢、膝盖会弯曲以保持平衡、会毛手毛脚打翻东西、撞倒家具、坐姿懒散等，这些都是因为青少年骨骼的生长发育比肌肉要快，所以肌肉需要放松。这种暂时的失衡还会影响青少年的自我形象感以及成年人对他们的看法：每个人都说孩子"可爱"，而青少年则往往被描述为"懒散""叛逆""复杂"。

我特地用"地震"这个词来描述这个阶段，是因为我们必须用"反地震模式"来做出应对。大家都知道，抗震建筑的特征是灵活和坚固，太过坚硬

则容易破损。青少年和父母、老师、学校之间有一
根纽带，他会不断地去拉扯这根纽带，所以这根纽
带必须得有弹性，否则便会断掉。

那么回到你的问题，我的答案是：你的目标不
应该是"说服孩子"，而是相信孩子所说的话。你
知道吗？青少年大脑分泌褪黑素（调节睡眠的激素）
的节奏和儿童以及成年人是不同的。孩子到了青春
期，他告诉你晚上不想睡觉，这是符合生理实际的，
而不是叛逆行为！他早上不能起床，也是一样的道
理。请记住，没有"任性"这种说法。当然，学校
可能并没有给青少年提供足够的空间来尊重他们的
需求，而父母又觉得有义务强迫孩子遵守学校的规
则。为了让青春期相对来说轻松一些，我们应该相
信孩子的诚实和智慧，相信他们对自己的认知相对
来说是正确的。

    **"我们都知道电子产品，包括平板电脑、计算
机、游戏机、智能手机等，这些对孩子是有危害的，
但孩子就是喜欢看，他没有意识到自己是在浪费时
间，不但荒废了学习，还影响到家庭生活、社会关**

系等，该怎么让他理解呢？"

　　如果你问孩子，给他一根魔法棒，他希望能改变什么？很多孩子，尤其是青少年会说"希望我在玩电子产品的时候，爸爸妈妈不要来管我"。这说明孩子生活里极为重要的事情和暴力联系在了一起，而成年人应该要为此负责。那么为什么电子产品对孩子来说这么重要呢？这其中的重要性其实是被成年人灌输的：孩子还很小的时候，电子产品就已经是父母生活里的一部分，那么孩子自然而然地就学会了，并且渴望模仿成年人（"手机一定很有意思，不然爸爸妈妈怎么老是看手机呢"，就像抽烟喝酒一样，我们不能靠"不要学我，按我说的做"来教育孩子）。然后，成年人经常把电子产品当作"超级保姆"，孩子疯的时候让他安静，孩子饿的时候让他安静，孩子生气的时候让他安静，孩子无聊的时候又拿给他玩。最后，电子产品（尤其是游戏）的巨大吸引力是因为它会刺激多巴胺的分泌。多巴胺是一种激素，会激活大脑的奖励系统，让人产生幸福感、产生一种被爱的幻觉。多巴胺的分泌慢慢取代了孩子的社交、家庭生活和学业等。如果孩子的自主性和社交生活没有被激活或者在这方面遇到困难，那么就更容易对电子产品上瘾。

如果我们仔细去观察一个正在玩电子产品的孩子，会发现他把所有注意力都集中在了一个工具上，这个工具要求他付出很多努力：和朋友互动（大多数在线游戏都涉及玩家间的互动）、自娱自乐、专注，而且手、眼、大脑都忙得很。这就是为什么我常常和父母说，想让孩子少玩电子产品，光"没收"或"限制"是不够的，要给孩子留出一块自由的空间（同时要陪伴孩子），给他提供能满足他需求的活动，用这些活动来代替游戏的乐趣：和朋友聊天、自由地探索、自己做决定、抛开生活的琐碎。单单没收电子产品，把孩子一个人关在房间里看书画画其实是对他的一种惩罚。所以我建议，平时孩子在你身边的时候，你自己有多少时间是花在电子产品上的，就把这些时间也相应地给孩子去玩电子产品；如果你希望他少玩，那么请你自身也减少对电子产品的使用时间，并花时间为他设计一些其他活动来满足他的需求。

妙招 4

所有要求的背后都有心理需求

孩子出现不恰当的行为,

不要简单地给他贴上

"无理取闹"的标签,

而是要去找到这个行为背后的需求。

在非暴力教育中有一条黄金定律:

那就是满足需求,

孩子就会说"Yes"。

　　孩子提出的所有要求背后都有一个或多个需求。当然了，这并不是说成年人应该对孩子有求必应，对于不合理的要求和不当行为，我们也可以说"不"。但是孩子会出现"无理取闹"的行为和要求，实际上是源于成年人与孩子之间的关系出了问题，而这种关系恰恰是由成年人，甚至一群成年人集体构建的。

　　在教育里，想要真正刨除暴力的根源，就必须在任何情况下（此处没有例外）都保持平等和同理心，每个人都尽力而为，相信对方的出发点是好的，相信对方也会尽自己最大的努力。成年人要尽力回应孩子的需求，以身作则，与孩子建立相互尊重的关系，尊重孩子，就像尊重其他人一样。

无理取闹？没有这一说

　　当孩子提出一个要求，而我们认为这个要求是无理取闹，没有来头、没有内在需求，那么我们就错了。孩子的要求以及孩子对这个要求的表达看起来或许不恰当、不合情理，但在这种"无理取闹"的背后总会隐藏着一个或多个心理需求。作为成年人，我们或多或少地学会了识别自己的心理需求，然后提出合理的要求，但孩子往往不清楚自己真正需要的是什么。这是整个孩提时代都需要学习的内容，至于学得快还是学得慢则取决于我们教育的有效性。

孩子越小，识别自己需求的能力就越弱，而且往往不能合理地表达自己的需要。这就是为什么一旦需求得不到满足，孩子就会大哭大闹，不可理喻、让人费解。"无理取闹"是一个贬义的、笼统的词，我们用这个词想说明什么呢？如果你想避免孩子无理取闹，那么在他发作之前，就要去想一想他这个要求背后的需求是什么。孩子越小，父母就越要去解读其背后的需求；随着孩子渐渐长大，他会学着用合理的方式去表达，但前提是他知道他的要求能够被理解、被听到。

想找出孩子出现不良行为的原因，我们首先需

要考虑的是他的生理需要有没有得到满足，包括呼吸、吃饭、喝水、睡觉、保暖、运动、身体接触等。刨除这类因素，我们还要考虑到孩子的心理需求。

对呼吸新鲜空气和运动的需求

这些需求有时被父母所忽视，但这是让新生儿觉得"自己活着"的首要条件。呼吸新鲜空气是至关重要的需求，运动是发展的条件。孩子在家里和保姆待了一天，或者坐在小车里被推到托儿所，在室内待一天；要么就是开车送他去学校，在课桌旁度过一天；然后因为下雨，或者太冷了、太晚了、因为作业还没做完我们不让他出门、走路、奔跑（在操场上，在大街上），孩子其实很受罪的。

到户外呼吸新鲜空气、走路、跑步等，这些都是孩子最重要的自然需求。这部分需求如果被抑制，孩子生理上就会有一种缺失，容易引起紧张情绪。不幸的是，大多数成年人把这种紧张解释为过度活跃、不稳定和烦躁，好像对这种自然需求的表达是不正常的。当这些日常的生理需要长期被压抑、被否定以后，孩子会潜意识地对此进行补偿或表达，比如强迫性地进食，出现睡眠障碍甚至身心疾病。

对睡眠的需求

睡眠是人类的基本生理需求，对身体尤其是大脑起着至关重要的作用，如缓解疲劳、吸收和巩固大脑最近记录的数据、细胞再生、形成免疫力等。睡眠有很多种功能，每一项都无法取代，也就是说，睡眠所给予我们的，只能从睡眠中去获得，别无他法。对于儿童来说，睡眠还会促进身体和大脑的发育，因为儿童所需的生长激素主要是在睡眠过程中产生的。

各年龄段睡眠时长需求

- 新生儿：16~19 个小时（分几次睡）
- 1 岁以下：12~15 个小时（分 3 次睡）
- 2 岁：11~14 个小时（分 2~3 次睡）
- 5 岁 *：10~13 个小时（分 1~2 次睡）

- 13 岁：9~11 个小时
- 17 岁：8 到 10 个小时
- 青年人：7 到 9 个小时

*在这个年龄段孩子会拒绝午睡，或者午睡后，晚上会推迟入睡时间。

到了青春期，荷尔蒙水平的波动会导致孩子晚睡，很难与学校的作息时间表保持同步，这就是青少年会觉得睡不醒，周末喜欢睡懒觉的原因——这自然是弥补平日里睡眠不足的最好办法。

如果想了解孩子对于睡眠的需求，可以在一段时间内观察他的最佳睡眠情况，然后算一算平均每天睡多少时间。最佳睡眠情况是指孩子在没有声音、没有光线、没有压力等干扰的情况下自然地醒来。

一旦了解了孩子的需求，时间到了就应该让他入睡，这样他早晨就能自然而然地起床。否则孩子可能会睡眠不足，但他自己意识不到，会通过不恰当的行为表现出来，而这些行为却被我们错误地认为是无理取闹、懒惰、敏感、易怒，等等。

即使睡眠是必须的，即使孩子已经累了，想让他"入睡"也不是那么容易。不过，当身体需要休息的时候，没有孩子会不想睡觉。需要注意的是，"神经疲劳"会妨碍睡眠：大脑受到过多的智力或情感刺激已经筋疲力尽，而身体却因为缺乏运动无法释放这种紧张感。

有"魔力"的睡前仪式

孩子对于上床和入睡很敏感，所以这个阶段需要一点仪式感。如果让孩子一个人在房间里睡觉，那么即使他已经很累了，当他听到电视机、大孩子或者有客人来的声音，就会很难入睡。当然了，一个家里不可能所有人都在同一个时间上床睡觉，但至少要有一个人陪着孩子直到他睡着。

你可以和孩子一起建立一个睡前仪式：穿上小睡衣、刷牙、调暗灯光或拉上窗帘、讲故事、唱歌、抱抱……在这个过程中成年人必须全程陪同，直到孩子能够自觉去做。

这个仪式可以持续到 8 岁，甚至 10 到 12 岁，尤其是在家里没有兄弟姐妹的情况下。这种陪伴越有规律、越平和，孩子的自主能力就发展得越快。

还需要注意的是，睡觉前（睡前 30 分钟）看屏幕会影响人体褪黑素的分泌，降低睡眠质量，所以我们要避免让孩子在睡觉前看电视。

对身体接触的需求

人类的基本需求还包括对触摸和被触摸的需要，因为身体接触能满足其他情感需求：身体接触被剥夺的孩子会缺乏安全感，无法真正地融入集体，会怀疑自己不被爱、不可爱，也就无法全身心地投入到学习和发展中。

父母往往只在需要的时候才和孩子有身体接触，比如过马路时牵着手，孩子受伤了、难受了，或者需要奖励时才抱抱、亲亲。其实要和孩子保持沟通和连接，仅仅这些是不够的。

身体上的接触能建立情感连接，让交流更加公平，并促进同理心。想象一下，每次你有话想对孩子说的时候（不仅因为你喜欢他或者见到他高兴，还因为你想解决问题，想要求他做某件事情，或者告诉他某件事他没有按照你所希望的去做），你都先握住他的手，然后在整个互动过程中都保持身体接触。这样做可以帮助你摆脱权利争夺，避免所谓的"无理取闹"。

对安全感的需求

对孩子来说，感到安全意味着能够依靠自己的监护人，让自己处在一个能满足自己身心安全、稳定的环境里。潜在的威胁，包括犯错了被责骂、被惩罚、父母吵架、成年人的问题，比如父母关系问题、家庭经济问题等，还有当孩子发现父母对他感到失望时所产生的内疚感，不管是真实存在的还是想象中的，都会让孩子产生不安全感。

从事件发生的那一刻起，它就长久地烙印在了孩子的潜意识中，需要时间，也需要经过好几次的修复，并反复向孩子证明这种情况不会再发生，才能满足孩子对安全感的需求。孩子可能还会提出与年龄不相符的要求，比如接送他上下学（因为他和别的孩子打架了，路上可能有危险）、晚上开着灯睡觉（因为他听说邻居家被偷了，害怕小偷进来）或者和父母在一起（因为他害怕父母吵架）等。

对于虚构的威胁，比如来自小说里的情节，也是如此。因为孩子的潜意识还无法区分现实和动画片、电影、广告，以及自己听到的内容等之间的差别。所有这些信息都会在潜意识里被标记成现实生活中的潜在危险，即使在现实生活中是安全的，也会让孩子产生不安全感。

孩子对安全感的需求还体现为对依恋对象的依赖，需要这个对象为他负责，并根据其自主性和能力为他做决定。

如果我们允许，或者默许孩子做可能有危险或者有害的事情，然后去指责孩子，也会让孩子有不安全感。比如父母临时有急事短暂出门，孩子一个人在家里无人看管，他就去看电视或者玩电脑，然后父母回来了，责备说"你就知道看电视"或者"你怎么一天到晚玩电脑"！这种做法就容易带来消极影响，不利于孩子安全感的构建。

对归属感的需求

要想让孩子自我感觉良好，就需要满足他对归属感的需求，包括对集体、对家庭、对兄弟姐妹的归属感，还需要满足他对情感和爱的需求，以及让他感觉自己被需要，孩子会从这些归属感中汲取无限的养分。

对归属感的需求，对青少年来说尤为强烈，因为青少年特别需要在集体中找到自我，这个集体可能是歌舞队、足球队，也可能是其他公益活动组织等。

青少年对归属感的需求常常会被成年人所误解，因为这标志着和童年告别，走向独立和成熟。尽管这个时候孩子会用一些过激的行为来挑战父母的权威，但这并不意味着他不需要被爱和被需要。如果父母或老师因为他不再像小时候那样言听计从而否认他、对他的变化予以指责、对他的品味说三道四、批评他的朋友、拿他和兄弟姐妹做比较，这种做法就不符合我们前面所说的抗震标准，容易导致关系破裂。

归属感是社会生活的决定因素

归属感有不同的层次，所有的层次都需要得到满足，否则孩子就会出现行为偏差。这些层次包括对家庭、对集体（邻里、学校）、对文化、对社会、对整个人类的归属感。当一个孩子还没有形成稳定的自我，或者因为个体差异被排斥时，他往往会把"边缘化"当成自己的一部分，不管在哪个集体里，他都会把自己边缘化，会觉得自己被拒绝，最终可能导致违法犯罪行为。这就是为什么我们要给每个孩子"做自己"的权利，避免出现被排斥的现象，尤其是当他和大多数孩子不一样，而且差异很明显的时候。

对自我认同感的需求

这部分需求包括自信心、自尊心和对自我价值的认可。这些需求和孩子的成就，和成年人对他是否满意，和自己能否达到成年人的期待是分不开的。如果我们总是给孩子设定过高的目标，总是拿他和年龄稍大的孩子做比较，或者孩子明明知道该怎么做，我们偏要说他不知道，就无法满足孩子对于自我认同感的需要。众所周知，自我认同感是人格构建的支柱。

成年人的肯定和认可能够滋养孩子的自尊心，这种认可并不是对孩子所取得的成就和技能的认可，虽然这部分对孩子来说也很重要，但更重要、更基本的是对他自身的接纳，以及接纳他所有的行为，看到其行为（无论这个行为多么让人不舒服）背后的出发点是好的。

对自我实现的需求

孩子对自我实现的需求通常和学习技能、发展能力和独立自主联系在一起。自我实现能够为生活赋予意义，包括为什么活着、人生的意义在哪里、想做一个什么样的人等。对于儿童而言，无论哪一种学习（不一定是在学校学习）都能在很大程度上满足这种自我实现的需求。所以，剥夺孩子学习的机会，比如把一个 2 岁的孩子整天放在婴儿车里或者抱在手里，不让他接触食物、物体、小动物；或者给他出难题、拿他和别的孩子比较和竞争等，这些做法都会妨碍他学习，不仅会阻碍孩子成长，还会激发不良行为，因为孩子的需求没有得到满足，他就要表达他的不满。

案例分析

"我女儿今年 5 岁，我去学校接她的时候，她会提出各种要求。我明明给她带了零食，她还想去店里买水、买面包、买玩具（我不可能给她买的那种玩具），要是我不同意她就踩脚、哭闹、不肯走、赌气，而且这还只是开始……请问她这是怎么了？"

5 岁的孩子还没有能力搞清楚其感受背后的需求。但是就像我前面所讲的，孩子的每个要求都是对需求的一种表达。你的孩子有很多的需求，你有责任去满足她，即使对你来说有点难。其实她这种情况会在孩子 2 到 6 岁过集体生活的时候反复出现。

她最缺的"东西"父母一来便被唤醒了，因为她离
开她的依恋对象，就会缺乏安全感、爱和归属感……
孩子在学校一天没看到你，她很累；为了学习，她
压抑了自己想和妈妈在一起的需求和情感，等到她
终于安全了，也就是你——她的依恋对象出现了，
她就需要"做自己"，需要得到你的照顾。

我建议你在学校接到她以后，先在她身边蹲
下，拥抱她至少 20 秒钟，然后告诉她你很高兴看
到她。她想和你一起去店里买东西，是因为她把买
东西这件事情和她的幸福感联系在了一起，就如同
平时买东西的时候你可能也表现得很开心。她在学
校和家之间需要一个仪式，如果你拒绝她，不去顾
及她这个需求，她积累的所有情绪就会利用这个机
会表达出来。情绪爆发有时对于孩子来说是很有必
要的：你要么接纳她的情绪，要么她就会用暴力
和眼泪去表达。

对于孩子的内在需求，如果你能改变自己的看
法，不去进行负面评价（比如认为"她在无理取
闹"），那么情绪爆发就会来得快，去得也快，而
且不会夹杂着暴力。同时，即使她在学校过得很开

心，当她释放这一整天里积累的所有紧张情绪，这时候有你陪在身边，她也会好受很多。

"我儿子已经 18 个月大了，但他从来不会一个人玩，如果我们不和他一起玩，他就会去做我们不让他做的事情；如果我们对他说'不'，或者把他手里的东西拿走，他就会爆发。每次我想吃东西或者做其他事情的时候，他都会过来抓着我哭，一直哭到我抱他。我们该让步吗？这是他的要求还是需求？有人说他是'高需求宝宝'，是这样的吗？"

你家孩子正处在发育阶段，需要大量的运动、探索和新鲜事物。这个阶段从他学会独立走路，也就是 12 个月大左右开始，一直到他能够用语言表达自己，也就是 3 到 4 岁。从你的描述来看，他和你一起玩的时候，对你们关系的兴趣远远胜过对游戏本身的兴趣，这就是他想"抱抱"的原因（先不考虑他想看看你在干吗，这也是学习需求的一部分）。一个人的时候，对于他已经知道的东西，他已经没有新鲜感了，比如他的玩具、书、他自己的物品，他想去拿你"禁止"他拿的东西，因为他有发现的需要，而其他的东西他都已经知道了。他不能"理解"你为什么不让他碰，因为他还没有经历过危险。这也是他拒绝你帮助他的原因：他的大脑里有一个程序，就是通过体验和模仿来学习。在这种情况下，他的要求其实非常接近于需求，你可以自己决定要不要陪伴他、保证他的安全，但原则上当孩子想探索的时候，不要去压抑他。

高需求宝宝

这是媒体提出的一个标签，没有任何科学数据可以验证这个假设，孩子需求的强度也不存在任何阈值。这种做法让我们把孩子和孩子区分开，不去管"他是谁"，而是去看"他是怎样的人"。儿童的需求强度各不相同，但是从本性来说都是很正常的，根据他所得到的反馈以及他所处的环境，他会用不同的方式表达出来。这就是为什么这个假设不在有效教育的框架之内，希望你能摆脱

这个假设，因为它会让你戴上有色眼镜去看
待孩子。

"有效教育要求我们像对待成年人一样对待孩
子，凡事先征得孩子的同意、满足孩子的需求、赋
予孩子权利，那么成年人的需求和'约束'（社会
的、专业的）什么时候能被满足呢？"

与其说"约束"，我更喜欢用"优先级"这个
词。作为成年人，我们做事从来不是因为有人逼着
我们，而是根据自己的价值观、信念、想法、感受
等，按照优先级来做选择。明确这一点很重要，因
为当我们告诉孩子"你应该去做"，这种做法不但
是在逃避责任，还会让我们丢失教育的力量。一谈
到"在没有得到孩子同意的情况下，我们不能逼孩
子做任何事情"（从教育的有效性和非暴力性来讲，
这是正确的），很多父母会感到无助，因为他把这
句话解读成"要一直让孩子开心，要对孩子有求必
应"。这种解读让很多家长觉得非暴力教育是一种

放手、放纵和放弃，然而有效教育的原则之一恰恰是"不放弃"：不放弃孩子的需求，不放弃征得孩子的同意，也不放弃我们自身的需求，因为如果我们牺牲了自己，那么必定会让孩子为此付出代价，让孩子觉得这是他的错，这对孩子是不公平的。

不要把同意和满足混为一谈!

满足孩子的需求，并不是对孩子有求必应：如果孩子想喝自来水，你会不会满足他？你要做的是去发现在这个要求背后，他想要的是什么，同时不要因为孩子想喝自来水而生气，因为他不是在"无理取闹"，他有他的需求。如果你因为没有能力满足他的要求（或者认为这个要求和你自己的需求有冲突，又或者这个要求不合理）而沮丧，你可以给他一个替代性的选择。孩子想喝自来水可能是因为他口渴了，也可能是他有学习的需要，或者他饿了，他累了，他已经一个人等了你很久，等等。我们首先要允许他经历挫折，因为挫折会引发负面情绪：孩子需要通过榜样和体验来学习如何面对挫折。这是发展的必要阶段，让孩子了解他内在到底发生了什么。所以，在孩子的要求没有得到满足的时候，我们要陪伴他的情绪，对他的要求可以延迟满足，或者给他提供一个替代性的解决方案。在任何情况下，对不合理的要求说"不"，不是暴力。一个 3 岁的孩子只要一无聊就给他玩手机，这倒是教育上的一种虐待，而不是有效教育。

　　当你要求孩子做一件事情，孩子不肯做，而你继续"要求"他、"期待"他会同意，同时给他解释"为什么"要这么做，这并不是有效教育。只有对孩子说"你有权利生气，有权利不同意"，才有可能产生效果，因为他有权利说"不"。一个人只有在不被尊重、又不能表达不满，被强迫又无法反抗的情况下才会愤怒。

孩子有被帮助的需要

　　如果我们要求孩子去做一件事情，而他不肯去做，这是因为这件事情对他来说没有吸引力，但对孩子有吸引力的事情并不仅仅是那些能让他开心、能即时满足他需要的事情。对于我们要求孩子做的事情，孩子还有被帮助的需要，不仅是因为事情本身有乐趣（尽管这是让孩子同意去做的一个好办法），还要让他体会到做成功后的满足感，同时在他有负面情绪的时候，我们的态度是接纳，而不是抗拒。如果孩子的恐惧、愤怒、悲伤让你害怕，让你内疚，那么你就没有办法分辨这是他的要求还是需求、你在使用暴力（武力或者情绪不稳定）还是非暴力（不是放弃）。要做到这一点，我们不能被孩子的情绪吓到，而是要在孩子有情绪的时候，帮助他去缓解。

举一个具体的例子：一个 3 岁的孩子洗完澡不肯出来，已经很晚了，水都凉了，你很累，他已经打了 3 个喷嚏……你知道要是你问他要不要出来，他肯定说不要。这时候如果你觉得他不肯，就不要再要求他了。你可以直接和他说"我们现在要出来了"，然后帮助他从水里出来，因为那是你的决定，也因为除此以外没有别的更好的选择了。没必要去问他想怎么样，因为你不会听他的，问了他只会给你造成压力，也让孩子沮丧，而且这样一来他就会觉得他有选择，而且是你在给他选择！

你先准备好他要用的浴巾、衣服等，然后说"来，妈妈抱你出来"。要是他不肯，你就说"那你自己出来"；他还是不肯，你就说"你又不要我抱，又不肯自己出来，那你怎么出来呢？我觉得你需要我帮忙，因为你没办法自己出来"。于是孩子就等于把自己逼到角落了，你叫他做的事他做不到，因为这件事情超出了他的认知范围，这时候他就会需要你来帮他。如果你被他的情绪吓到了，这时候你放弃的话，就等于放弃了让他学习面对挫折的机会。等到他不情不愿地出来了，你可以说"你洗完澡不肯出来，妈妈知道你不开心了，妈妈陪着你"。同时你忍受他的不开心和哭闹，安抚他，而不是为了让他开心去分散他的注意力。

　　在使用暴力和帮助孩子克服困难之间存在着细微的界限。同理心是我们最好的老师。如果你被自己的恐惧、内疚或愤怒带着走，就会陷入困境；真正的引路人，是以孩子的视角和感受——让自己像一个孩子一样去感受。你选择了，如果不去做，就仅仅是一个选择，你要不要冒着孩子得鼻咽炎的风险去等上一个多小时，等那个永远也等不到的"同意"？孩子的认知能力还无法让他做出符合你要求的选择，而"没有选择，就不会有行动"。

"我女儿今年 3 岁了，她有个习惯，就是爬到别人背上，然后把屁股扭来扭去。我知道她觉得这样很有意思，有时候我会告诉她这样让我很不舒服，让她停下，但是我没有给她解释具体原因。该怎么和她讨论这个话题呢？"

对人体的探索是人类发展过程中一个非常自然的阶段，即使从很小的孩子身上，我们也可以观察到：不穿尿布的时候，小婴儿很喜欢触摸自己的生殖器。摩擦是一个很常见的动作，尤其是小女孩，小男孩则更多的是"摆弄"自己的小鸡鸡。

你感到尴尬，这是一种情绪，它在告诉你：你想要摆脱，而不是"参与"到女儿的这种私密行为里，更不要说让自己成为她自慰的一个"支点"。你只要告诉孩子你的底线在哪里就好了，不要评论，也不要责备她。

如果她能听进去，就不要再多说什么。要是她听不进，你可以告诉她，如果她想这样玩，她可以到别的地方去玩，而且最好是一个人的时候，因为在公共场合这样子既不尊重自己的隐私，也不尊重他人。孩子会认识到：我们不是别人的工具，不是一件"家具"，不是一把椅子你可以随便爬，你要先征求我的同意，就像我征求你的同意一样。

其实这是一个很好的机会，你可以利用这个机会和她谈谈她的身体，让她知道她的身体只属于她一个人，任何人都不能强迫她或者鼓励她展示、触摸自己的身体。同时，我们需要给孩子树立一个好榜样，如果你能做到尊重女儿，不像对待洋娃娃一样对待她：给她穿衣服、梳头、洗澡、随意限制她的身体活动，她就会知道该怎么去尊重自己的隐私。实际上，以"原则上服从"成年人（即相信成年人有权利对儿童说什么、做什么，而儿童无权对成年人说什么、做什么）为行事准则的儿童可能会成为各种虐待，包括性虐待的对象。

不过关于尊重自己和保护隐私，不管你在这方面下多大功夫，我始终认为，即使已经"提醒"过孩子，孩子至少也要等到 10 岁，甚至 10 岁以后才有能力识别这方面的"陷阱"，对此，成年人有责任保护孩子。所以，这些问题不是单靠"教育"就能预防的，特别是这方面的信息往往会引发成年人的焦虑，而且教育也是不充分的。请记住不要让孩子单独和大孩子（前青春期或青春期）或成年人（无论是谁）在一起，一定要多安排几个人在一起，让他们知道大人随时有可能出现，不要让孩子脱离你的视线，避免他和其他人单独相处。

> " 我儿子今年 4 岁，保姆说看到他和一个同龄的孩子玩'光屁股'游戏。然后孩子和我说他们在玩'叽叽屁股'，还很天真地给我解释游戏规则，说他们玩得特别开心。保姆心里很忐忑，又紧张又尴尬，一听不到声音就会跑去看他们在干什么，还说如果再这样就不让他们单独在一起玩。我不想用'性'的眼光来看待这类游戏，而且我担心如果太拿这个说事反而会诱导孩子。该怎么解决这个问题呢？ "

两个孩子一边探索身体一边在体验，其实对心理和身体都没有任何危险。我说的没有危险是从他们反复玩这个游戏看出来的。如果其中一个孩子不愿意，另一个强迫他或者劝他一起玩，那么这可能是一种侵犯，但看上去并不是这样。和其他游戏一样，你只要注意别让他们伤着自己就好了（如果他们使用物体的话）。实际上这只是孩子之间天真的游戏，至少在成年人产生焦虑、评判、干涉之前，没有任何成年人所谓的"性"在里面。

我觉得你可以和保姆讨论一下她的需求，我相信会有帮助的，作为保姆，她可能会担心自己带不好孩子；同时也需要讨论一下你的需求，包括不用暴力的方式去回应孩子。孩子真正需要的并不是这个游戏带来的开心和乐趣，而是这些游戏能满足他对探索、归属感和亲密关系的需要，相反，让孩子产生内疚感、强行把他们分开则是一种暴力。

除了告诉孩子"不准玩这个游戏"，然后把自己的内疚感投射到孩子身上，在禁止和允许之间，其实还有很多办法可以让孩子放弃这个行为，把注意力转到别的事情上。

妙招 5

我们说什么，孩子就信什么

语言的力量,

也被称为邪恶的力量,

是一把双刃剑:

语言会对孩子造成伤害:

比如贴标签、

欺骗或操纵孩子:

也可以训练孩子的潜意识,

让他受益一生。

我们常说孩子是"天真"的, 这本来是个褒义词, 却随着孩子渐渐长大变成了贬义词: 孩子越长大, 我们就越见不得他天真, 好像这是一个缺点。然而, "天真"是人类进步的阶梯, "天真"赋予我们无限的学习能力。孩子越"天真", 他的学习能力就越强, 但这也意味着他会对灌输给他的一切照单全收, 会吸收错误的知识, 会被操纵、被剥夺、被愚弄等。

我们每天都在不断地、潜意识地对孩子行使自认为正确的教导权力, 可能会对孩子造成较大的危害。我建议家长学着去发现、去把握你的语言对孩子潜意识可能产生的影响, 让教育发挥最大的效果, 产生最大的收益。

"操纵"是对孩子的一种伤害

精神操纵, 就是给孩子"洗脑"。比如, 明明是我们的选择，却让孩子以为是他自己的选择；明明应该由成年人来负责，却让孩子以为应该由他自己负责；明明他两个都不要，我们偏要他在两个里面选一个……这种交流省去了"很多麻烦"，既能把我们的意愿强加给孩子，又能让孩子乖乖听话。

比如我们说要带孩子去游泳，然后自己又不想去了，为了避免孩子出现不满情绪、大哭大闹，我们就给他看动画片，然后等到他想去游泳的时候，我们叹口气，说："可是游泳池已经关门了，好可惜啊！现在去游泳已经来不及了，不过在家里看动画片也挺好的。"

操纵孩子，其实是否认孩子的存在，不给孩子机会去表达自己的需求，暗地里压迫孩子，又不让他意识到这一点，因此孩子也无法反抗。这根本不是把孩子当作一个人对待，而是当成一件物品。操纵会毁掉一个人的自尊，因为它会削弱孩子的判断能力，让他无法判断什么对他是好的，什么是坏的。操纵会让孩子产生内疚感，觉得他应该对自己的"错误"负责，而这个"错误"并不是他造成的。

操纵会打击孩子的信心

操纵会打击信心：第一是自信，孩子会怀疑自己的能力，觉得没有办法靠自己做出正确的选择，于是习惯性地寻求他人的认可；第二是对他人的信任，他会怀疑别人（尤其当操纵的目的在于转移不满情绪）；第三是对生活的信心，如果成年人给他提供的"最好的选择"不能满足他的需求，他会潜意识地认为：生活"就是这样的"、认为自己"没有选择"、认为出现这种情况是因为自己"倒霉"……

我希望家长能够重视这三个方面对孩子的伤害，因为它会一步一步地让孩子在潜意识里把自己放在受害者的位置：因为怕"做不好"，所以什么也做不了，好像失去了行动能力一样，自己就像一件物品，可以随意地被人和命运摆弄。

最后，所有形式的操纵都会对学习产生危害，因为它会让孩子觉得自己被控制①是正常的。尽管大多数以教育为目的的操纵背后的出发点都是好的

---

① 控制让孩子要么屈服，要么叛逆。

（一般来讲，因为操纵避免了冲突[1]，父母会觉得自己给孩子的东西会让孩子满意），但孩子一生中还会遭遇其他形式的操纵，其居心可就不那么纯正了：在童年时期被操纵惯了的孩子，成年后更容易沦为恶意操纵的牺牲品，成为权力滥用的受害者。

对潜意识来说，一切都有体验的价值

孩子接收到的所有信息都存储在潜意识里面，就好像他真实经历过一样。同一个信息重复记录的次数越多，就会越真实：如果一个孩子经常看到暴力场面，或者听到对暴力场景的描述，便会把自己看到或听到的内容，包括想法、语言、行为，作为一种标准整合进脑海里，下意识地做出暴力行为；即使经过教育，在意识上知道暴力行为是被禁止的，即使对他进行惩罚（惩罚也是一种暴力，所以会加剧暴力行为），即使他能够对自己的暴力行为做出

---

[1] 前面章节有提到，当孩子的负面情绪被成年人强行压制，产生冲突是必然的。

道德判断，他仍然是个受害者，会下意识地实施暴力行为。

这就是为什么孩子看电视和上网时，家长要特别留意他们看的内容、玩的游戏，特别是那些虚拟的暴力游戏。非虚拟的暴力游戏，比如格斗、战争游戏等危害相对来说比较小，因为在这类非虚拟游戏过程中需要与人产生肢体接触，所以会有所限制，这和玩电子游戏是不一样的。

此外，不管孩子处在哪个年龄段，潜意识都会把收到的信息当作真实的体验，也就是说，一个信息被重复输入了多少次，潜意识便会认为此事件真实发生了多少次。我会定期给一些孩子做咨询，他们的头脑被焦虑的信息填满了，内部世界已经饱和了：他们什么都怕，在任何地方都觉得不安全，即使睡着了也不能完全放松。这是催生恐惧症的沃土，潜意识会选择一个对象作为催化剂，当孩子对这个对象的恐惧积累到一定程度，恐惧症①便由此产生了。

---

① 这里所说的恐惧症并不是由创伤引起的恐惧症，也不包括诱导学习（模仿、同化、潜意识的指令）所引发的恐惧症。

人类的潜意识无法区分事实和虚构，所以我们感知到的所有事物，不管是有意识地还是无意识地，在潜意识里都会变成现实，包括我们看的卡通片、电影、虚构的图像、听到的故事、新闻等。对潜意识来说，一切都是真实的，一切都有体验的价值。

潜意识无法识别否定式

假如我和你说"不要去想一头大象"，你想的恰恰是一头大象，因为所有的语言都是一种暗示，即使说的时候用的是否定式。

有很多情况可以验证这个机制。最常见的是潜意识诱导：比如，当我们怀疑一个孩子撒谎，他还没说话，我们就说"不要撒谎"，本来他没想要撒谎，但被我们这么一说，他就有可能撒谎（因为他还不知道这个机制），好像是我们暗示的一样。另一种情况是焦虑，我们焦虑的事情会变成现实，比如，"当心，你会摔跤的"，"你这样子永远也做不好"，等等。还有一种情况是讽刺，当我们明明对孩子不满意，却说反话，"夸奖"他"非常好！你把花瓶弄倒了！"孩子意识上听到的是"夸奖"，潜意识却把它和内疚感联系在了一起：花瓶碎了，损失好大！

所以，有效教育的原则之一是，始终做真实的自己：告诉孩子你的真实感受，而不是你觉得可能会发生的事情。"我怕你会摔跤"而不是"小心，你会摔跤的"；用积极的方式说话，"我建议你换一种方法试试"，而不是"你这样子永远都做不好"。我建议你每天练习，慢慢地去改变沟通模式，直到养成习惯。

给孩子合适的信息

和孩子说话前，我们可以先想一想，这些信息能不能满足他的需求，达到教育的目的。

如果你的信息缺乏真实性，或者对孩子没有好处、没有帮助（不会激发有益的学习），那么不如不说。**我们和孩子说话之前，要先在头脑里经过三个"过滤器"：真实、善意、有用。**请记住，潜意识会相信所听到的一切，然后记录下来：即使我们事后否认这个信息，也只能在意识上通过语言来理解并纠正，而潜意识所引发的情绪、身体反应、得出的信念等从一开始就会被长久地存储在脑海里。

标签，生命中不能承受之重

如果一个孩子每天遭到成年人（父母或老师）的贬低和责备，慢慢地他会变成他们所说的样子。潜意识会把这些评判和特点当成一种预言，然后努力去实现它。意识上感知到是责备，潜意识则会把它当成一种指令。

我们不能把孩子和"吵吵闹闹""爱撒谎""不听话""不专心""慢腾腾""懒惰""紧张""害羞""叛逆"等词语画等号。成年人如果把孩子和一种或多种不良行为联系在一起，这些不良行为其实是学习或者缺乏信息的结果，孩子不应该对所学的内容承担责任：根据他所掌握的信息、他的心智和成长环境，他会从我们带给他的每一次经历中去学习，并且总是尽自己最大的努力。如果他缺乏信息，那么成年人有责任为他提供信息（此处并不是说指令，而是信息）。

不要把孩子的行为
和"他是谁"连在一起

当孩子出现不良行为，而我们又没有帮助他去克服，这种不良行为就会反复出现。如果周围人不去观察当时当下发生了什么，而是简单地把这些行为看成一种持久的、常见的现象，他们就会对孩子产生一种印象，这种印象会把不良行为变成孩子固化的性格。

然而，根据定义，行为指的是"我怎么做"，而不是"我是谁"，这里面的差异极其重要，因为我们不能改变"我是谁"，但我们可以学着改变自己的行为。如果我们改变了自己看待孩子的眼光，孩子就会觉得，不管他做了什么，都和"他是谁"无关，那么他就可以在短短的几天里从根本上改变他的行为。相反，如果我们像描述《白雪公主》里面的七个小矮人一样，给孩子贴上一个一个的标签，那么这种做法就会把他的行为固化，变成一种性格特征。这就是为什么最好说一个孩子是"慢条斯理"而不是"慢腾腾"，"吃了好多"而不是"贪吃"，"在想别的事情"而不是"分心"，等等。

案例分析

"父母分居了或者离婚了，我们该怎么和孩子说？"

有一个原则适用于所有话题和所有年龄段的孩子，就是和孩子不相关的事不要和他说，以免把自己的心理负担或者痛苦投射给孩子。当然了，并不是要你"掩盖"事实或者撒谎，如果孩子问你的话，你一定要做出回答。

当成年人觉得有必要解释某件事情的时候，必须确保：第一，信息是真实的，是确定的事情，是你观察得出的结果，而不是你的假设、你对事件的解读或者你的观点；第二，信息是有用的，和孩子是有关系的，比如"我们会住在这里，也会去那里，以后就这样子了"，而不是"爸爸妈妈要分手了，因为我们不爱对方了……"第三，信息是善意的、关怀的。当我们不确定自己的回答是真实的、有用的、善意的，说"我不知道"会比按照自己的想法解释一通要好。

　　你可能担心离婚会给孩子造成痛苦——生活方式改变了，虽然不能像以前那样生活在一起，但痛苦并非不可避免。夫妻关系结束了，并不代表亲子关系也随之结束。如果你能维护好你和孩子的共同利益，为孩子的幸福考虑，不让孩子成为你们婚姻的牺牲品，孩子就不会觉得痛苦。生活方式有成百上千种，没有好坏之分，比如，夫妻关系破裂了，由此产生的痛苦不应该让孩子去承受。当孩子看到你情绪激动的时候，你可以告诉孩子，你很伤心或者你很生气，然后每一次都要补充说明"这不是你的责任，我可以自己解决这个问题"，让他放心。还可以举例子说："你和小朋友吵架的时候，你伤心或者生气的时候会需要时间、需要冷静才能'消化'这些情绪。对我来说也是一样的。"

"**孩子看到父母吵架了，该如何去弥补？**"

当着孩子的面夫妻之间偶尔出现的语言暴力（而不是对妇女的需要心理援助的社会支持的家庭暴力），我建议你把它看成一个意外：你和另一半大意了，没有注意到孩子就在身边。关键是，你要跟孩子道歉，并在事后安抚孩子，如果还没有做的话建议你这样去做，会让你少一点内疚感。

弥补这种"意外"的方法是做一次盘点，具体来说就是观察和倾听，找出孩子哪里受伤了，也找出由此引发的情绪。也许是恐惧、入睡困难、尿床、做噩梦或者情绪爆发，这些都是正常现象，要予以接纳，不要假装一切都好，或者觉得孩子小题大做。通过模仿以及在情绪宣泄的过程中，孩子还可能会有暴力行为。

另外，在任何情况下都保持温柔和负责的态度，不要把注意力放在自己的恐惧上，也不要担心孩子会恨你：这是成年人的一种以自我为中心的恐惧。有可能孩子会生气，但这不是针对你的，而是情绪的一种自然的流动。就像对待一个伤口一样，如果你好好照顾它，不在同一个地方跌倒，随着时间的推移伤口便会慢慢愈合。记得要时时留心孩子，给到他足够的关注，不要总想着"这件事会永远刻在他的记忆里"，这种预言可能会变成现实。

> 孩子问我，我们什么时候会死，我该怎么回答？要不要说我们会很难过，还是掩饰自己的悲伤？还有孩子说他害怕死亡，或者害怕爸爸妈妈有一天会死，我该怎么办？孩子还不知道什么是死亡，也不知道人死以后去了哪里，我该怎么回答他呢？

在给出恰当的、有效的答案之前，我邀请你重读一遍第一个问题里面提到的原则。

首先，你可以告诉孩子，每个人到了一定的时间都会死，虽然对于爱他的人来说，这个时间点永远是错的；作为人类，当我们失去心爱的人，我们会哭，想到再也不能像以前那样看到他了，就忍不住会难受，虽然伤心，但生活还是要继续，因为死亡只是生命的一个阶段，是生活的一部分。怕死是很正常的，每个人想到死都会怕，因为我们不想死。我们平时可以多思考一些别的事情，就不会整天担心死亡。还可以告诉孩子，大自然有它的规律，你现在身体健康、生机勃勃，不用担心自己会死。

关于人死后到哪里去了，如果留意一下孩子的回答，你会发现一种童真，像金子一样闪闪发光。如果你对一个 4 岁的孩子说"奶奶在天上"，他可能会说"那我们坐飞机去看她吧"。

"在天上"是一个隐喻，孩子还无法理解这个隐喻，除非我们告诉他这是一种表达，我们用"在天上"来表示我们不知道人死后灵魂去了哪里，如果我们相信人有灵魂的话（可以把精神与身体分开来解释灵魂的概念，也可以说我们不知道是不是真的有灵魂）。

孩子的内心蕴藏着一种智慧叫"纯真"。成年人为了逃避死亡焦虑，会自作聪明地给孩子解释一通，这种自作聪明其实是对"纯真"的亵渎。当你说"我们不会再见面"时，实际上你心里并不确定。

我这么说你可能会觉得很突然，但我觉得只有确定的才是恰当的。也不能说"我们会再见"，因为你也不确定，但是你可以说："我们不知道，就像一个秘密或是一个惊喜，但就算不知道，我们也会幸福，因为我们可以活在当下。"

我总结了一段话，可以让你不撒谎、不伤孩子的心，来回答孩子关于死亡的问题，而且这个回答对孩子有用，当然说的时候措辞可以简单一点：

死亡是生命的一个阶段，每个生命在结束后都会死亡。我们不知道自己什么时候会死，但是大多数人要到老了以后，这时候他们的孩子已经长大了，不像小时候那样需要他们了，而且已经习惯了生和死。没有人知道人死后会去哪里，不过我们可以发挥想象力，我们有这个权利。我们也有权利因为再也见不到死去的人而难过，所以我们有专门的地方来哀悼、恸哭和思念（如果孩子看到墓地时问你什么是墓地，就可以这么说）。害怕死亡是很正常的（只有在孩子说他害怕死亡时才告诉他这一点，因为并不是每个年龄段的孩子都会害怕）：每个人想到死，想去搞清楚"死亡是什么"的时候都会害怕。

我也不喜欢想到死，这就是为什么我平时不怎么去想这个问题。我更喜欢思考生活，这个问题更简单，也不那么吓人。不管怎么样，我现在还不打算死，以后也不想死，我会永远在你身边，不管是生还是死，我对你的爱永远不会消逝。

" 孩子看到了不该看的东西，受了惊吓，我该怎么办？我儿子不到 12 岁，他在一个朋友家里过夜，趁大人不注意在网上看恐怖电影。后来他再也不敢一个人睡觉了，晚上也不敢出门，甚至连买个面包也不敢。我们跟他说电影都是虚构的，没必要害怕，太荒谬了，还责怪他，因为他明明知道自己不能看这种电影。可是这件事情已经过去了好几个星期，他还是很焦虑：晚上睡不好，上学没精神，等等。"

如果你批评他、说"不应该"害怕，他会因为看电影而内疚，同时因为对"不存在的东西"害怕而感到羞耻。已经过了几个星期了，他可能一直在想办法不让自己的"荒谬"惹你"心烦"，免得你又怪他。于是他每天晚上（因为焦虑的念头一般都在半夜里冒出来）只好一个人舔舐伤口，而且没有办法表达自己的痛苦，因为他看电影的时候可能看到了很多害怕的东西，却无法一五一十地说给你听。恐怖电影的目的就是要让人害怕：孩子"应该"害怕（一个人对吓人的事情感到害怕，说明他心理是健康的），但是如果你阻止他害怕，恐惧就会被放大，然后转移到其他事物上。

我建议你把这次事件看成一次意外：他无法避免、他没有错、他受伤了（受到创伤了），他需要照顾、需要同情。最最要紧的，是不要再责怪他了。这次经历结束后（恐惧是其中的一部分），他自己会从中学习到一些东西。同时，他的经历引发了你的情绪，他没有责任来帮你缓解情绪，因为他自己已经感到很沉重，而你的情绪又加重了他的负担，他已经自顾不暇了。

你可以把这些先解释给他听（包括你意识到自己没有很好地在一旁支持他），让他对这次事件有一个新的认识，同时让他知道在他身上发生了什么。然后当他脑海里又出现那些吓人的场面时，鼓励他说出来，不要让他有羞耻感：不要否认电影对他造成的影响，也不要否认你有负面情绪，更不要因此去责怪他。如果你自己也害怕，孩子的爸爸也许可以帮你，必要的时候可以求助专业人士。最后，你可以告诉他，他害怕的时候爸爸妈妈会在他身边陪着他：晚上睡觉时给他开着台灯，陪着他一起入睡，帮助他把注意力放到别的事情上……同时对于他害怕的事情，不要强迫他去做，即使这些事情看上去没有危险，而且他以前也做过。事情会过去的，但是需要一点时间和信心，当恐惧感在某个敏感时刻再次出现时，你不要担心，也不要不耐烦，肯定会有反复的：请记住，一个人的心理受伤了和他的身体受伤是一样的，不可能一下子好起来，都是需要慢慢来的。

"该如何让孩子享受节日文化，又不对他撒谎呢？"

我猜你说的是圣诞老人，让孩子相信圣诞老人的存在，让他开心。在有效教育里，就平等关系而言，如果你自己不相信，却要孩子去相信，这是在伤害孩子。我们完全可以过圣诞节、享受节日文化，同时可以对孩子说："大家都喜欢讲这个故事，因为它会让我们开心，圣诞老人是一个传说。"如果你让孩子相信圣诞老人是存在的，然后又叫他一个人去面对这个谎言，你就是在操纵孩子（"如果你聪明的话……"或者告诉孩子圣诞老人在他睡觉的时候已经来过了，等等），孩子对你的信任便会打折扣，他以后怎么相信你对他说的是真话还是假话呢？而且这种做法是在教孩子撒谎。对于圣诞节，我们不应该剥夺孩子的乐趣，而是要相信孩子的想象力。孩子的想象力相当丰富，对于不存在的事物，他能够"假装"其存在。然后和他一起"等待圣诞老人的到来"：为驯鹿准备一杯牛奶和一根胡萝卜（可以用橡皮泥来做）。无须告诉孩子"圣诞老人是真实存在的"。

这是一个正值青春期的孩子，
乍看之下，他坐姿懒散，实际上，
孩子正处在飞速发育期，这个姿势
正好缓解了身体上的不舒服。

妙招 6

每个行为背后都有一个积极正向的意图

大脑受到刺激时，

总是会根据已有的信息做出反应，

选择最好的方式来满足自己的需求。

这就是为什么所有的行为，

无论多么不受待见，

无论其结果如何，

背后的意图都是积极的。

即使结果没有达到我们的期望，如果我们相信孩子的本意是积极的，就能在任何情况下保持一颗慈爱柔软的心。就像任何要求都是在表达需求一样，我们所做的每一件事（包括孩子所做的每一件事），即使结果不尽如人意，其背后的意图都是积极的，不管自己有没有意识到。

对事件错误的解读，是频繁发生冲突的根源所在

许多情况在初次发生的时候往往和儿童的发育阶段相对应，但成年人的解读引发了亲子冲突，导致偶发情况变成了反复出现的问题。

一个 8 到 10 个月大的婴儿坐在宝宝椅上，把所有东西都扔到地上；或者婴儿在围栏里，把所有东西都扔到围栏外面，然后要求我们捡起来，他再扔，扔得更用力、更远。很多父母会生气，觉得自

己被孩子"耍得团团转",觉得孩子把自己当靶子、求关注，或者有暴力倾向。这些解读引发的情绪就是烦躁、不耐烦、担心和孩子之间的关系出了问题，如果解读成了功能障碍，还会担心孩子可能出了什么问题。然而，这个"扔东西"的动作其实源于这个年龄段孩子所特有的发展特点：通过这个动作，他发现自己可以和物体分开，然后再把它找回来。这个动作除了训练孩子抓、扔、手眼协调和视觉搜索以外，还为他理解和妈妈分离做好了准备，他会知道即使看不到妈妈，妈妈也会回来。如果你不肯捡的时候他哭了，那不是他"无理取闹"，而是一种分离焦虑，你给他捡回来他就好了。不管怎么样，如果你捡的时候他很开心，不是因为他想让你"跑来跑去"，而是因为他想和你一起玩玩具，以及所有这些新发现让他很开心。

即使我们没有立即发现行为背后积极的意图，它仍然是存在的。教育工作者如果能够把自己的解读，尤其是对不良行为的解读建立在这个原则之上，就能够平和、有效地对行为做出反应。

积极的意图，能够克服一切困难

　　成年人对孩子行为错误的解读不仅会损害亲子关系，也会妨碍孩子同理心、同情心和情感的发展。亲子间的误解如果不断累积，孩子越长大，亲子关系就会越发恶化，这样将影响孩子的自尊心，削弱他的能力，让他无法从自己身上获取资源去纠正不良行为并满足自己的需求。

　　当我们无法理解孩子行为的时候，这一方法就显得尤为关键；当孩子到了青春期，则更是不可或缺。青春期是一个敏感期：孩子在为自己做准备，千方百计想要独立，想要摆脱家庭的束缚，亲手开辟属于自己的一片天地。但这个敏感期却被成年人、被媒体曲解了。

　　我们常说青少年"叛逆""懒惰""挑衅""强硬""以自我为中心"。在这个时期，父母很难去信任孩子，也无法适应孩子的飞速变化，如果亲子关系里控制的成分比较多，对父母来说就会难上加难。当孩子的行为超出了父母的控制范围，父母很容易就会质疑孩子的动机，觉得这些行为都是不正常的。这就是我接下来要谈谈"青春期危机"的原因。

　　青春期危机的积极意图是当动态平衡影响家庭系统正常运行的时候，会激发出一些变化。"青春期危机"不是孩子发育的某个阶段，只是孩子成长过程中自然而然的变化，如果僵化的家庭系统跟不上这个变化，就造成了"青春期危机"。在这个过程中，父母本应予以支持，否认孩子的意图只会加剧亲子间的误解，使孩子疏远父母。

积极的意图可以促进成功、减少失败

　　如果我们能够相信孩子始终怀着积极的意图，就不会对孩子失望，最多只是感叹没有得到我们想要的结果。相反，如果我们认为孩子的本意是坏的，孩子就会失望、会内疚（作为情感操纵的一部分）。我们可以为结果遗憾，但如果能认识到，孩子的初心是好的，只是没有预计到可能产生的后果，就不会那么失望，不会有那么多负面情绪。举个例子，一个 5 岁的小男孩坐在车子里，他就拿笔在坐垫上画画。孩子不应该对这个行为负责：一方面，他的本意是积极的（为妈妈画一张漂亮的画，给自己找点事做）；另一方面，他缺乏信息（包括"不允许在坐垫上画画"，最重要的是妈妈没有告诉他哪些事情可以做）。此外，当下的环境刚好有利于画画这个行为：手里有支笔，而且没别的事情可以做。在这种情况下，我们可以告诉孩子我们对这个行为不满意（千万不要"假装"开心），但是为了"有效"（不使用暴力），我们要相信，孩子已经尽了最大的努力，他不是故意要弄脏坐垫的。

案例分析

"孩子对我的话充耳不闻，我该怎么办？每次儿子在玩，我叫他停下来，他还想玩，就会假装没听见。然后我会大声重复一遍，有时他会看看我，然后继续玩……最后我对他大吼大叫，他就生气了，会对我很凶。请问这其中积极的意图是什么？"

你家儿子不是"假装"没听见，他是确实没听见：他的耳朵听见了，眼睛也看着你，但因为大脑充斥着玩的信息，在思考玩的问题，所以就没有收到你的信息。这就是为什么当你对他大喊大叫的时候，他会惊讶，因为你在凶他，然后他就用同样的方式回应你。一个孩子在玩的时候，你想要他听你说话，这时候不能只靠一种感官连接，至少要有两种。所以你叫他的时候，可以和他保持身体接触，比如，握住他的手，让他把注意力转到你身上，而不是沉浸在游戏里。或者你从视觉上吸引他的注意，"看着我，听我说"。然后你要确认他是否听到，"你听到了吗？现在不玩了，可以吗？"如果他需要时间把某件事情做完，请他告诉你。

有效教育的困难在于始终相信孩子行为背后的意图是积极的。"他假装""他不在乎""他什么也不听""他很懒"等等，这些想法会让我们烦躁，无法对孩子保持同理心。孩子会凶你，恰恰是因为成年人也是这么对他的（不仅是你，可能还有老师或者其他成年人），所以他会有样学样。

最后，你也注意到了，当你打断他的时候，这种情况就会发生，你的观察很仔细，他被打断了，所以产生了不满情绪。所有这些积极的意图都能让你在不评判孩子的前提下去帮助孩子。

"我有四个孩子，两个男孩，一个 16 岁、一个 14 岁；两个女孩，一个 8 岁、一个 6 岁。两个男孩子平时会吵架，也会和 8 岁的妹妹吵，但手心手背都是肉，我总是一碗水端平的。他们吵架主要是因为食物：'为什么你给他的比我多？'他们会数比萨饼、数饮料、数薯条等，其实我每次都是平分的。"

孩子到了青春期，简直就像一头饿狼，尤其是男孩子，因为处在生长高峰期，所以吃起来会比女孩子粗野很多：因为他饿！想想看，他的营养需求比成年人还要多，每年长高 8 ~ 12 厘米，体重平均增加 5 公斤。因为总是觉得饿，也因为对缺乏食物有一种恐惧感，他会变得恶狠狠的。有时候他并不是真的饿，但是他担心自己吃不饱，尤其是当你对他的吃相评头论足，要求他有所节制的时候。你可以告诉他，想吃的话还有，这样可以减少他的恐惧感。比如，每个人都有同等分量的比萨饼，但男孩子没吃饱的话还可以吃面条。如果你给 8 岁女孩和两个十几岁的大个子同等分量的食物，那么他们吵架是正常的：因为男孩需要的是女孩的三倍！一般来讲，兄弟姐妹之间的争吵往往源于每个人的需求不一样，而父母却一视同仁，同等对待。你可以调整一下方式，不要平均分，但要适应他们的需求。把同样的东西给到两个不同需求的人，这不是平等，而是不公平，这也许正是两个男孩内心的感受。孩子积极的意图是希望你能根据他们的需求来做调整，孩子长大了，你不能再像小时候那样对他们了。

另外我想再补充一点，我们要留个心眼，不要总是让大孩子和小孩子在一起，因为在这个年龄段，孩子的关注点很不同，所以就有可能发生冲突，难免会针尖对麦芒。大孩子往往会欺负小孩子，因为我们总是教导他要帮助弟弟妹妹，要让着小孩子……但小孩子又会耍乖卖萌，博取父母的同情。你家孩子正处在青春期，正要准备展翅高飞，你要把这部分空间留给他。倾听他，不要觉得他"凶"得没道理，告诉自己他有充分的理由和积极的意愿，对他的理由做出回应便可以减少他的攻击性。

——宝贝，来和妈妈一起做煎饼吗？

——我才不去，到最后又是我倒霉。

妙招 7

暴力就是暴力，不是教育

▼▼▼▼▼

从更高的层面上讲,

教育意味着提升。

暴力行为里没有任何教育的成分,

因为它会让孩子觉得自己"低人一等",

这种不平等会阻碍成长。

暴力不仅会破坏自信心、

自尊心和幸福感,

还会影响孩子的智力发育。

　　教育暴力最初是学校用来管理孩子的手段，其核心是惩罚和奖赏。暴力的形式多种多样，虽然主要对象是孩子，但也用来训练父母，让父母觉得除此之外没有别的更好的办法了，只好跟着孩子一起遭罪。

体　罚

　　2015 年 3 月，法国公共民意调查机构 FIFG 的一项民意调查发现，只有 7% 的被调查者"完全赞成"立法禁止对儿童进行体罚，而 70% 的人对此表示"不敢苟同"。

　　虽然对于成年人的暴力行为，包括打架斗殴、辱骂、威胁、骚扰等，大家一致同意用法律武器进行制裁，但是当儿童遭受同样的暴力后，绝大多数人却不认为他们应该受到法律的保护。在此，我觉得有必要提醒大家，对于一些人的恶劣行为，社会中的每一个成员都应该承担相应的责任：法律是推动个人去履行这一公民责任的工具之一。放任体罚，就等于让孩子持续地遭受痛苦。侵犯儿童是成年人有意无意在坚持的一种特权[1]。要实行有效教育，我们必须无条件地放弃这种特权。

精神暴力和身体暴力一样有害

说到"教育暴力"，我们首先想到的是体罚："打屁股"，或者身体暴力，这是强迫孩子"服从"或者当孩子犯错时用来惩罚或制止错误的一种常见手段。虽然身体上的虐待在学校里早就被禁止了，但在家庭里仍然很普遍。

还有一种暴力是精神虐待，以惩罚为主。不管在家庭还是在学校，这种暴力可谓无处不在，其毒害之大，甚至有人用科学方法对

---

[1] 确切地说是对自己的孩子，谁会允许一个外人对自己孩子动粗呢？

其进行了测量①。

不管哪种形式，不管理由多么"冠冕堂皇"，暴力不仅危害孩子的身心健康，还会危害整个社会。

暴力引发暴力

成年人不愿意放弃这一特权的原因，主要是出于教育方面的考虑，但是体罚没有任何教育价值（记住一点：教育，就是提升）。不管是为了让孩子听话，还是为了惩罚孩子，或是为了发泄自己在教育上的无力感，"打孩子"只会导致孩子认知混乱（大脑信息量达到饱和时的一种状态）并给孩子树立反面教材（分不清好坏）：对于比自己弱小的人，人们以为自己有权利用武力来获取自己想要的东西②。

① 2009 年 6 月，乔丹·里亚克在《惩罚是如何影响儿童健康的》一文里特别阐述了精神暴力对儿童的影响。
② 同时为自己辩解"我这么做是有道理的""对孩子有好处"，以及"小时候爸妈也打我屁股，我还不是活得好好的"，等等。

除了道德谴责外，当我们打孩子的时候，我们其实在教孩子打人，包括推、拧、摇晃、大喊大叫、扯头发等等行为。

每个父母都必须认识到自己拥有改变的力量，把自己从暴力的枷锁中解放出来，这一点非常重要。改变比你想象的要容易。一旦下定决心，决定不管怎样，自己都要谨言慎行，永远不对孩子使用暴力，就能彻底改变亲子关系。对孩子来说，他会觉得心头的乌云永远地散去了。对父母来说，这是一个新的开始。当你的字典里不再有"我惩罚、我打、我让他难受"这类词，平等、倾听、同理心、信任……和创造力就会源源不断地涌入我们的内心，让我们变成（变回）一名有效教育者，从人类深厚的本性中汲取爱和宽容。

看得见的和看不见的后果

当成年人对孩子实施身体暴力时，他立马就变成了一头怪兽：你无法预料他下一步会做什么，他会根据自己的心情决定是虐待还是吓唬孩子。当怪兽举起手，我们无法预测他是想要抚摸还是打人。怪兽让孩子相信是因为孩子他才变成这样的，所以暴力是对的，以此来为自己开脱。当我们打孩子的时候，我们教给他的是暴力。孩子不仅学会了恐惧和痛苦，还会有样学样，学会对比自己弱小的人使用暴力，学会撒谎来保护自己免受惩罚、逃避责任。

最后，体罚对自我建构最大的害处在于，它会让人把爱和暴力混为一谈，孩子从中学会了爱就是打、打就是爱，统治和服从的象征意义会对一个人的内心和人际关系产生持久的影响。

学校和社会制度中的暴力

即使没有身体接触，也可能存在暴力。几乎每个孩子每天（或者"经常"）都在承受这种暴力。我们的教育提倡惩罚、奖励和竞争，这种做法深深地植根于学校和社会制度的方方面面，也普遍存在于家庭。

这种教育方式（暴力行为）不但行之无效，而且会适得其反。

尽管惩罚和奖励可以有效地"矫正"某些行为（调节反射神经，让孩子不知所以、无意识地做出某些行为），但从养育或者教育的角度上讲是行不通的，因为强权与专制会引发强烈的情绪，阻碍孩子的智力发育，抑制大脑吸收和消化知识。如果在这种方式下孩子能学好，不是因为这个方法好，而是孩子排除困难在学习。

惩罚或奖励带给孩子的动力和反思是暂时的，孩子无法真正地学会做与不做：因为一旦没有了惩罚（或奖励），一切又会回到原点。

惩罚和奖励、威胁和承诺对孩子来说是一种负担，父母自己也需要承受这些做法所带来的情绪，包括沮丧和恐惧，这两种情绪会交替出现，不断累积。此外，这种手段会迫使父母对某些问题视而不见，不去思考更好的教育方式，也无法充分地承担父母的责任：当我们无法给到足够的奖励，也就不能过度地惩罚，父母长期控制孩子，最后会身心俱疲。需要注意的是，随着孩子的成长，这种控制会越来越难，到青春期时甚至可能导致家庭破裂。

为了不引起误解，我想再重申一遍，与强权和专制比起来，没有惩罚和奖励，孩子反而会更有安全感、更自律。

最后，惩罚、奖励和竞争最隐蔽的危害是，它会让孩子以自我为中心，把注意力放在结果上，而不是关注他人和环境。孩子天然的同情心被扭曲成了技能竞争[1]，可能会变得不负责任，个人利益至上，没有道德感和同情心。

学校里的强制规则，明里暗里都一样

学校里充斥着惩罚和奖励。多少年来，尽管花样层出不穷，但这种教育方式仍然是小学、中学、高中里师生关系的核心。当然了，我们已经不用"小红花"，也很少用"光荣榜"或者放学后被老师"留下来"了（尽管在某些大学仍然很常见），也不再

---

[1] 在"妙招 8"中，我会阐述孩子之间的竞争和比较是如何限制而非激励孩子的发展，并解释其中的原因。尤其在学校，我们通过成绩和"考试"来评估孩子的学习结果。

剥夺体育或娱乐活动（已经被法律禁止），但仍然有很多手段，披着仁慈和非暴力的外衣，虽然明里不说是奖惩，但实则如出一辙。

学校发明了"腰带""小钥匙""火箭"[1]之类的工具去教孩子什么能做，什么不能做，但这些做法并没有整合认知学习的基础"做什么和怎么做"，没有任何教育意义，孩子学到的只是受惩罚。这些所谓的创新都是做给家长看的，无非是为了控制孩子的不良行为，并没有多少新意，不但行之无效，还是一种精神控制，会让孩子陷入一系列负面情绪：屈服（悲伤）、叛逆（愤怒）、退缩（恐惧）、沉默（羞耻）……

对于表现不错的孩子，这种做法并不会让他们进一步提升：没有受惩罚，是因为他已经知道该怎么做，可一旦遇到新情况，就又被"打回原形"（可见这些工具不可行）。对于表现不好的孩子，这种刁难只会把孩子之间的差距越拉越大：没有得到某

[1] "腰带""小钥匙""火箭"指一些看似有趣的工具，有的带有视觉效果，有的能让孩子得到特殊对待，有的能带给孩子一种仪式感，不同的颜色和等级对应不同的奖励，学生根据自己上课时的行为（以前称为"表现"）获取奖励。

个颜色的"火箭"就不能和大家一起玩游戏，不同颜色的"腰带"对应的是不同的特权，谁拿到红色"小钥匙"就得不到奖励，等等。

骚扰：社交暴力的晴雨表

"孩子对孩子是很刻薄的……"这句话你听过（或者说过）多少次了，是不是有点像经典老话？

这种说法可谓只见树木，不见森林。一个孩子可能比同龄人长得小一点或者大一点、瘦一点或者胖一点，或者他的穿着、口音、语言、肤色、交友方式和别的孩子不同，甚至只是因为刚来到这个城市，别的孩子就把他撇在一边，嘲笑他、骂他，甚至打他：对他实施各种暴力，几次三番下来就成了骚扰。

这种说法的潜台词就是，孩子对于和自己不同的人天生有一种暴力倾向，因为"孩子对孩子很刻薄"，好像孩子生性残忍。因为觉得不可避免，所以这种想法会使孩子的行为固化，既是对孩子的侮辱和污蔑，也给了成年人和学校逃避责任的借口。

这种想法之所以会带来问题，就在于：如果在一个集体里面，有一个孩子被欺负，却没有人站出来保护他，那么这个孩子就成了成年人的牺牲品，而且整个集体都在让他成为牺牲品！出现这种情况并不是因为他和别人不一样，而是头脑无意识地对某个指令做出了回应：别人觉得小孩子是这样的，所以我就是这样的，而且你也必须是这样的。并不是个人差异造成了孩子之间的暴力，而是缺乏同理心。

因为我们没有考虑到孩子对孩子的感受，所以孩子没有学会共情。此外，来自父母、学校、社会等级制度的僵化思维（加上电视和媒体推波助澜）迫使孩子去"遵守"成年人强加给他的规则。学校和社会越培养孩子的竞争意识（通过奖励、分级、比较、分类等一系列手段），暴力对孩子行为的影响就越大。

案例分析

"当自己觉得紧张、疲惫或者时间来不及的时

候，难免要对孩子大喊大叫、强迫他或者让他内
疚……**"**

　　确实是这样的，但这时候恰恰是我们最需要有
效地保护孩子（和我们自己）免受暴力的时候。在
这种"卡壳"的情况下，当我们失去平衡、失去耐
心，我们变成了一头怪兽，这种怪兽谁也不认识，
孩子会被吓到，留下很深的心理阴影。就算我们又
变回那个慈爱的父母，也需要很长时间去修复亲子
关系、修复孩子的安全感和信心。

　　不过也有可能会出现"转机"，但我不能给你
打包票，而且需要很多的自我反省。即使认真地给
孩子道歉，也只能算是杯水车薪，在发生这类"事
故"的时候，我一般都是建议家长：永远不要以自
己的情绪作为借口，或者，更糟糕的是，拿孩子的
行为作为借口，说自己暴力是有理由的。我们需要
做的第一步是鼓励孩子表达情绪，倾听他的感受，
同时不要否认孩子。第二步是对孩子说，"对不起，
我很后悔刚才这么说（这么做），我知道你很难受，
而且对你不公平，我吓到你了、伤害到你了，这些

我都感受到了，我很同情你。"千万不要说"我很生气，因为你不听我的话，所以我没办法……"因为最基本的一点，是认识到我们永远都有选择，作为成年人，我们有各种权利，但孩子不一样，我们给什么，他才能得到什么，所以我们有责任放弃暴力。没有人"逼着"我们大喊大叫、对孩子打骂、惩罚，是我们自己选择这么做的。

我们根据自己的价值观和优先级做出了这个选择，而且通常是无意识的——至少以前是，但在你看到我的这些文字以后，就不再是无意识的了。

非暴力，是一种选择

如果你能决定，无论发生什么情况，你都不再使用暴力，就一定能控制住自己，包括不大喊大叫、不惩罚、不打骂，不用威胁或者奖励的手段来让孩子按照你决定的去做，以及当孩子不配合的时候，当你出现无力感的时候，不强迫孩子做他不愿意做的事情。其实，除非精神有问题（这样的话父母有责任先照顾好自己），否则每个人都有能力，也有办法去做自己决定不去做的事情。我想说明一点，虽然有时候急起来我们会想跟老板拍桌子，跟邻居争吵，但没有人真正会去这么做，所以你有责任做到不大喊大叫、不指责、不打骂。每次你想使用暴力或者强迫孩子的时候，可以问问自己，如果孩子也这么对你，你愿意吗？如果答案是不愿意，那么就不要这么对孩子！面对一个成年人，或者"别人家的孩子"，你是怎么做到不使用暴力的？可以用同样的方法对待自己的孩子。

还有一个方法可以帮助你做到这一点，就是和孩子一起谈谈他的教育问题：关于这个问题，其实孩子很喜欢参与进来，一起讨论，一起想办法出主意；如果你认真听他说话，会发现他说的东西比你从书上看到的要有趣得多。要是你请孩子帮忙，孩子是最愿意支持你的。只要我们放弃自己的优越感，把自己放在和孩子平等的位置，孩子往往是非常宽容的。

你可以把自己的决定告诉孩子，告诉他你已经决定不再强迫他或者对他使用暴力，给他举例子，让他知道无论发生什么情况你都不会再这样了。也可以让孩子说说你曾经的哪些行为和话语让他觉得难受，鼓励他说出自己当时的记忆和感受，不要怀疑或者否认他的描述，只是静静地听。等他全部说完了，你可以说，以后如果再发生这样的情况，他可以用暗号让你停下，就像用遥控器把电视机关掉一样。可以是"你吓到我了"或者"你伤害到我了"，也可以是"大河马"或者"魔法棒"。在你没有爆发之前，只要他感觉"情况不对"，就可以用暗号来提醒你。你把权利给到孩子，同时不给自己任何"借口"（不管好的还是坏的）去使用暴力，就会慢慢地远离暴力行为，因为暴力是对孩子的一种毒害。

"孩子受到学校制度的暴力，该怎么保护她，帮助她摆脱暴力，同时又避免争端呢？我女儿 4 岁了，我们从来没有强迫她主动和人打招呼、说'你好'，她想说就说，往往是我们在和别人打招呼的时候她也会跟着说'你好'。最近，她的老师罚了她，因为她进教室前没有在门口说'你好'。老师说'有家教的孩子'会先给成年人打招呼，而不是成年人给孩子打招呼，然后不让她进教室，还在我面前吹嘘。我觉得无助、愤怒、无力……"

孩子在学校没有打招呼, 是因为你和老师对打招呼这个行为有不同的标准, 孩子还没有把老师的标准整合进自己大脑里。在家里, 她是不用打招呼的, 她只有在想打招呼的时候才打招呼, 可见你一直都尊重她的意愿, 凡事征求她的同意。而在学校里, 尊重孩子的意愿和征求孩子的同意被认为是没有价值的, 甚至是学校管理上的一种阻碍。

我们让孩子上学, 是为了让他能够在安全的环境里和其他孩子一起玩、一起学习, 但我们也知道, 学校的管理方式有时可能是缺乏温情的。

你让孩子上学是因为你相信这是最好的选择, 但是这个选择会需要你去面对很多压迫, 来自各位老师和学校的压迫, 除了某些老师比较能够理解你。你可以和老师解释, 说你女儿并不是"没有家教", 只是你们家的"风气"和别人家不太一样, 如果老师希望她在学校能够改变自己的行为, 可以教她怎么去做, 而不是羞辱她、孤立她, 因为社会化是学习的一部分, 伤害孩子, 不会让孩子学到任何东西。

不管怎么样，如果这位老师还没接触过这些内容，他可能根本不会听你说话。一个人幸福的关键之一，是接受不能改变的事物，改变可以改变的事物。你无法跳出学校的制度单独行事（如果可以集体行动，可以毫不犹豫地参与到那个集体里），但是你可以把学校的制度教给孩子，让她整合到自己的行为习惯里，否则她会对学校有抵触情绪。孩子非常了解家庭和其他地方有哪些不同，根据不同的人和环境，她很快就能学会什么可以做、什么不能做。在学校里需要主动说"你好"，孩子可能还不知道这一点，那么你可以把这个新的行为方式告诉她，同时告诉她这是学校的规定，和她自身没有关系：我们进教室、问好、脱外套，大家都这么做，因为这是一个集体。如果她不想打招呼，可以因为老师要求这么做而做，为了让老师高兴而去做（因为孩子主动打招呼会让这个老师开心），同时自己学到了新事物会感到满足。此外，在学校以外的地方保护她的自由。

如果学校的制度是合法的，可以帮助孩子愉快地去满足学校的期待，我建议你可以咨询一下律师，因为法律对于学校的处罚行为是很严格的，而且法律允许的范围比你想象的要小得多。比如，除非某个孩子对自身或者他人有危险，否则孤立孩子是禁止的。所以，老师没有权利用孤立的方式去惩罚孩子、剥夺孩子活动或者游戏的机会，也没有权利罚孩子抄写、扣分数，或者因为孩子的某些行为而给孩子打零分……如果存在这些违法行为，可以立即投诉到教务处，以便老师能够遵纪守法。如果老师的做法是合法的，那么最好的办法则是教孩子如何心甘情愿地去遵守学校的制度，否则她会很痛苦，你也会很痛苦。这是一个选择：要么让她离开学校，另想办法；要么想办法打破这堵墙；要么你帮助她，教她怎么跳过这堵墙，或者绕过去、翻过去，总之保护自己不受到这堵墙的侵扰。

　　"如果周围有人在教育上有暴力倾向，还说自己'小时候也被打屁股又没被打伤'，我们该怎么说？"

　　我们无法反驳：他们确实没有受伤。所谓的教育暴力和虐待儿童不同之处，在于评估我们的选择和优先级对孩子学习方面所造成的影响。你可以对这些人说："没错，你是没有受伤，但你的经历影响了你的大脑、你的身体、你对所有事物的反应和思维，也影响了你的生活和你孩子的生活，从而影响了社会乃至整个世界。这让世界动荡不安，充斥着暴力，人类甚至不知道如何去制止，我个人对此很不满，所以我决定尽我所能来改变现状，谴责暴力行为，消除暴力，永不妥协。"

还可以问一问这些人，小时候挨打的时候，同意不同意他自己现在说的话。

妙招 8

没有比较，就没有竞争

有一把钥匙可以打开两扇门：

第一扇门是兄弟姐妹之间的互相理解

（也包括打开友谊的大门和融入社会），

第二扇门是学业有成和自我实现。

阿尔伯特·雅卡尔[1]在谈到竞争时说，

竞争是人类的灾难，

自然界的选择（保留物种）本来是一种常态，

而竞争却把这种常态变成了

以消除其他物种为目的的变态。

---

[1] 阿尔伯特·雅卡尔，当代法国著名的种群遗传学家和人口学家，大众思想家和社会活动家，一位深受读者特别是青少年读者欢迎的作家。

孩子会拿自己和成年人、别的孩子或者卡通人物做比较，有时甚至会拿自己和动物做比较（有不少儿童文学为证）。孩子通过比较来感知自己，在构建性格[1]和学习技能的漫长过程中会模仿自己遇到的各色人物。这种现象是健康的、自然的，只要这个人物没有给他造成太大负担或者让他觉得不可接近，就不会损害孩子的自尊心。但是如果成年人在比赛中用孩子做比较，或者故意抬高自己（"我像你这么大的时候……"），特别是当成年人用自己的道德观念来贬低孩子（泛指所有的孩子，比如"现在的孩子""现在的年轻人"……）、对孩子的勇气、努力、毅力、耐力等评头论足，就会给孩子造成负面影响。

———————

[1] 性格的构建大部分是无意识的，这个过程一直要持续到成年甚至成年以后。

比较的背后是什么

为了研究比较给教育带来的影响，找出更有效的替代方法，我们需要先回答几个重要的问题。

第一个问题是面向父母的：把孩子和兄弟姐妹、堂兄弟、堂姐妹、邻居家的孩子做比较的目的是什么？如果你这么做是出于好意，那么好在哪里？很多父母被问到这个问题时，一开始会说自己这么做是"自动的""没有经过大脑的"，然后经过一番思考，他们发现自己小的时候父母经常拿他们和别人比，于是他们就学会了。

第二个问题是比较背后的积极意图是什么，有三种回答出现的次数最多：第一，有人说（一般是父母和老师），主要是让孩子有个榜样，让他可以向比他好的人学习；第二，父母认为，比较可以让孩子意识到，他可以做到，或者做得更好，因为其他孩子可以做到；第三，有些父母承认，他们用比较来"激励"孩子，换句话说，就是让他和别的孩子竞争，让他超越这个目标，满足父母的期待。尽管这些目标本身是积极的，但无论是榜样还是激励，这个方法本身蕴含着"无效"的种子。

　　如果父母可以改变自己的态度，那么兄弟姐妹之间的冲突（往往是出于嫉妒或由于不公平）在很大程度上是可以化解的，父母的态度有时会无意识地让孩子参与到竞争而不是合作里。在学校，互相竞争的负面影响就更为明显了，不但影响了同学间的关系，还会广泛地影响到孩子的各种人际关系。

比较会阻碍进步

　　首先，儿童学习的主要方式是模仿，模仿会贯穿孩子的整个童年时代。比较会让孩子觉得有人比他"懂得多"，于是感到自己被贬低，他的认知里充斥着内疚、嫉妒、羞耻等，阻碍了自己的成长。

　　结果，孩子失去了与生俱来的模仿能力，无意识会把自我贬低带来的负面感受和自我联系在一起，孩子的反应自然就是停滞和抵触。我们可以说："因为姐姐会做，我们可以一起看看她是怎么做到的，或者让姐姐来帮你"，而不是"看姐姐做得多好"（潜台词是"比你做得好"），或"姐姐能做好，你为什么就做不好呢？"（潜台词是"你根本不想做好"或者"你没有努力去做"），因为在比较中，孩子听到的是"姐姐比你更讨人喜欢、更好、更可爱……"给孩子一个榜样，教他怎么去做，并不是拿他的自我价值和别人做比较（更好、更差、更多、更少，他是、你不是，等等）。

我们讲过，学习的第二个方式是尝试，而犯错是尝试过程中必不可少的要素。每个孩子都会从自己的体验中去学习，并根据自己的成功和失败来做出相应的调整。比较往往会带着指责，这等于是让孩子去做他不可能做到的事情：先掌握，再学习。我们之前讲过，对两个有不同需求的人提供相同的内容，这不是平等，而是不公平。天赋和能力的评估就是一种不公平。每个孩子都是独一无二的（即使每个孩子的学习能力是相同的[①]），即使他们的成长环境相同，我们给孩子提供的信息和内容也是不同的。

如果你每次拿一个孩子和另一个孩子比较，都觉得他"不如别人好"，或者另一个孩子的表现"比

[①] 这是 NLP（神经语言程序设计）的前提：一个人做，另一个人可以跟着做，但是每个人都是独一无二的，因为我们"是谁"不取决于我们"做了什么"。

他好"，孩子的自尊心会深深地受到伤害，觉得自己没有价值。所以，比较的结果不是进步，而是绝望。

比较对于另一个孩子同样有害。一方面，你把他扶上宝座，他要小心翼翼地去符合你描述的形象，不从宝座上摔下来，不让你"失望"。另一方面，被贬低的孩子心里会有怨言，从而影响他和另一个孩子的关系：他是"妈妈的宠儿""马屁精""班级第一"，而我不管怎么做，你都觉得他"更好"。不管是在家里，还是在学校里，比较会给每个孩子带来沉重的负担。

竞争带来不平等

和他人相处能开发和锻炼孩子的智力，竞争让孩子无法充分发展自己的智力。有竞争必然会有输赢，孩子之间就会产生冲突和对立。因竞争而产生的等级是反自然的，因为孩子的学习方式可能各不相同（生理特征和感知特征只是方式，而不是能力），但学习能力却是相同的，并且能力很快就能获得，从婴儿期就开始了。人类从一出生，甚至还在妈妈肚子里时，就开始学习了：通过感官体验来学习，比如听见兄弟姐妹说话的声音，或者尝到妈妈吃的香料，还有妈妈的情绪，都会影响孩子的发展。

智力是一种天赋吗？

所有的智力量表（也称为"心理量表"）考察的都是孩子是否具备某种技能，这种做法歪曲了能力的概念。成年人给孩子灌输"你必须比别人好，才能学得好"，这种思维着眼于孩子拥有的是什么，而不是"他是谁"，这是对孩子自身的一种否认。歧视就来源于这种思想，认为人与人之间是不平等的。教育心理学表明这是一种意识形态，而不是教育学：就认知能力而言，遗传决定论只是所谓的"精英"发明的一种概念，好把"小人物"踩在脚底下。即使遗传对智商的影响只是微乎其微，也会被这些人大肆鼓吹。我们的教学体系认为智力是一种天赋，认为不同的孩子应该得到不同的待遇，摆脱这种思维，就是有效教育要解决的根本问题。

竞争使孩子疏离

此外，经常处于竞争状态的孩子会产生某些自动思维，这些自动思维会限制孩子的学习能力。他们往往把个人优势放在第一位，更容易以自我为中心（比如争取特权），而把他人、分享和平等放在其次。孩子天生的同理心和利他能力被转变成了竞争的能力，所有的认知发展都被局限在一个狭隘的目标——赢。

让孩子一对一或者分小组进行对抗，可能会剥夺孩子从集体汲取力量的能力（但人们普遍认为团结就是力量），也剥夺了孩子通过合作和双赢来充实自我的能力。作为灵长类动物，我们的天性是合作和互补，任何让人类互相抵触的事物都可能对我们不利。

竞争会干扰学习

胜利的诱饵会促使大脑去处理这种认知上的干扰，而不是想着学习，所以学校的竞争和奖励政策对孩子可能会产生危害，原因就在于此。学校要考查学生的知识水平，于是由老师来组织考试（或测验）和打分，这种方式是不利于孩子成长的评估体系之一。

接着来说一下分数的暴力。分数已经成了通往"上流社会"和"中产阶级"的通行证（这种说法可能不太准确，此处只是做个比较）。有调查显示，39％的学生感到焦虑，说自己做过关于考试的噩梦；35％的学生在考试前因服用维生素、咖啡因、能量饮料以及抗焦虑药等出现腹痛。我们有充分的理由去制止这种暴力，不是吗？

分数会制造压力

当我们把分数变成学习的中心，其他的一切都围着分数转的时候，会影响孩子正常发挥自己的水平。在法国，"随堂考试"（对应的是期末大考）

指的是一系列的小测验，由授课老师定期进行。每次测验都会给孩子造成压力，每一次压力都会种下一个心锚[1]，失败的次数越多，孩子的压力也就越大：不管他平时表现如何，在测验时遇到的困难越多，承受的压力也就越大。所以，每年都会有很多孩子去学习"如何应对压力"，学习"怎么照顾好自己"，因为他们考试的成绩总是低于自己的真实水平。

权利大过天

最后，我们都知道（因为我们在学校里都经历过，除非你接受的教育和评估体系与其他人不同），让老师来决定孩子的成绩（尤其每次都是同一个老师）等于在给老师赋予某种特权。分数不仅造成了老师和学生之间权利的不平等（就算学校不承认也历来如此），也造成了老师与老师之间的不平等（老

---

[1] 心锚是大脑的一种机制，这种机制能够自动把感知和情绪联系在一起。当人在受到某一感官刺激时，如果种下一个心锚，那么当类似的场景再现时，就会自动出现同样的情绪反应。

师也要被"审查"、被打分）。这种打分是主观的、无效的，会造成师生关系的倒错，造成孩子之间互相竞争，也阻碍我们去思考和寻找更有效的评估方法。

怎么改变？

既然分数和学习并不存在特定的联系，只是反映了孩子回应外界期待的一种能力，不如让我们诚实地面对孩子：不要再给孩子灌输"平时多努力、多用功就能学得好"。其实在学习成绩差的学生当中，有三分之一的孩子在学习上花的时间反而比别的孩子要多，因为成年人不断地给他压力，让他多学习，而不是想办法找到他需要的东西去发展认知能力。所以，不要再觉得孩子考试没考好是因为他又懒又笨，不要再对孩子说"成绩差是因为你没有好好学习"。

面对孩子的成绩和考试，以及测验、成绩单等，父母需要先缓和自己的焦虑情绪：自己对于考试的焦虑、成绩的焦虑、自己的担心、自己内心负面的声音（"如果不认真学习，考试就考不好"）、对孩子的威胁（"如果你第二学期考不到班里中等水平，有你好受的"）和责备（"你自己不好好学习，现在考试没考好，只能怪自己"）……因为这些做法统统无济于事，我们需要做的是，把孩子从你的焦虑中解放出来，弱化分数的重要性，放弃一切暴力，关注孩子的需求：他需要怎么做，才能提高成绩呢？

其实要解决这个问题往往不是让孩子在家多用功，而是教孩子利用好在学校的时间。在初中有这样一个现象（小学也有，但初中更严重）：孩子课后没有足够的时间和空间去参加社交活动，锻炼自己的人际交往能力，这部分需求没有满足，只能利用上学的时间（上课、学习、课间）来弥补（聊天、笑、玩耍、争吵等）。如果上课觉得无聊，特别是当老师要求孩子不能动、要保持安静的时候，这种现象就更明显了。课堂里没有完成的学习任务，放到课后去补，这样一来，社交生活的时间和空间就更少了，而这部分不足又要利用学校里的时间来弥补，这就形成了一个恶性循环。这就是我建议家长鼓励孩子放学后去社交，而不是把玩耍让位于分数的缘由（而不是说"做完作业 / 考试考得好才能出去玩"）。

案例分析

> "请问该怎么帮助孩子接受失败？我家儿子每次没得第一、每次没有被选进运动队都会哭。最近他参加班干部选举落选了，心里很难受，但老师很喜欢他，因为他很优秀，比别的同学领先许多，老师经常拿他做榜样，同学却不跟他来往。我们跟他说这是因为同学还没看到他的价值，叫他不要管别人怎么看，但他心里很难受。"

孩子觉得难受和失望是正常的，因为选举是一种竞争，这种竞争是不全面的。被选上的孩子不一定是因为他能力有多强，也不一定是因为他为班级服务的心有多真诚，而是因为他受欢迎，他可能在某些方面表现突出。你可以先告诉孩子，如果参加选举让他难受，他可以放弃，因为他的感觉是对的，我们可以向老师提出疑问，或者建议老师不用选举的形式，让每个同学轮流当班干部，这也是一种学习。不管怎么样，你的问题很好地说明了竞争和比较对孩子的负面影响。你说老师很看重你家孩子，但老师的这种做法对孩子可能是有害的，因为有"优秀的学生"，就有"不优秀的学生"，班里会慢慢出现一种不良氛围，影响同学之间的关系。其他同学不和他交往，正是因为他不知不觉间成了这种竞争的牺牲品。

如果你跟他说其他同学"没有看到他的价值"，反而会把他和同学之间的距离越拉越大。他很聪明，又成熟，听上去理解和分析能力也很强，他能够理解这种竞争性的游戏充满了片面性，能够理解所有参与竞争的人都深受其害。通过这次选举，你可以教他把胜利看成一种失败，因为他的感觉是对的：他不喜欢输，在教育里，不应该有任何孩子感觉自己"输了"。同时，你也可以让他明白，有人当选就有人落选，如果他当选了，别的同学就会因落选而难受。分享和同理心对每个孩子都是教育的一剂良药。

"兄弟姐妹之间常常为了一点不起眼的小事起冲突，互相说对方讨厌，要求有人来主持公道，然后又总是对结果不满意，都想伤害对方，请问家长该怎么处理？"

虽然每一次冲突的具体情况不同，但这里面有一个关键的、共同的部分，就是忌妒。忌妒是一种情绪，和所有情绪一样，它希望能够被看到、被接纳、被尊重、被表达，而不是被压抑。孩子不是"故意"要这样做的，而是因为觉得"你喜欢他胜过喜欢我""总是我做这个做那个""这不公平"，是有了这些想法之后的一种反应，哪怕父母已经尽力做到一碗水端平。

这些想法会导致不断的内耗：我们越是想证明它是错的，忌妒心就越强。如果你说"没有，我一样地爱你""没有啊，你看，你们面条是一样多的呀"，想以此证明自己是公平的，孩子甚至会把碗里的米饭倒出来一粒一粒数清楚！这时候我们需要先看一看自己的内心，孩子觉得你不够爱他，引起了你的内疚和伤心，所以你会为自己辩解。其实要处理的不是事件本身（因为你是公平的，你不需要去证明自己），而是孩子的情绪，以及调整自己对待孩子的方式。

如果一个孩子哭着说"这不公平，你总说他是对的"，我们完全可以说"你有权利有这种感受"，而不是让他觉得自己错了。比如"我知道你想确认自己在妈妈心里的地位，尽管妈妈很爱你，但你还是觉得不放心，所以你难过、害怕、愤怒（这里我们可以让孩子来确认自己的感受，让他充分表达自己），妈妈很理解你，很内疚，很同情你（真正地去同情他，因为他的难受是真实的，而且这份难受需要被看到，而不是被遏制），妈妈会尽力做好的。妈妈的一些做法让你难受了，妈妈以后会注意的。你有什么想和妈妈说的吗？"然后让其他孩子也参与进来，展现他们的同理心。

当一个孩子痛苦的时候，他需要情感上的支持，这时候所有孩子都可以参与进来。我们可以从裁判员的位置上退下来（谁是错的、谁是对的、谁是受害者：这种做法是有害的、无效的）。因为当两个孩子打架或者吵架时，他们不是在玩游戏，而是情绪爆发，两个人都是受害者：施暴的那个孩子，也是他自己的暴力和忌妒心的受害者，所以没有必要去评判谁对谁错。如果我们能够理解这一点，并且无论在什么情况下，我们都爱孩子、拉近孩子与孩子之间的距离，而不是让孩子内疚或者贬低孩子（即使孩子出现不良行为，也做到这一点，并给他解释发生了什么，他为什么要这样做），我们便具备了教孩子克服忌妒心的能力。

"有时候对孩子的教育内容和方式都是一样的，孩子的差距却很大：我家大儿子 7 岁，比小儿子更聪明、更伶俐（他们之间差 3 岁，然后还有个女儿比小儿子小 2 岁，很机灵，很依赖爸爸）。我知道这是在比较，但也觉得事实就是这样的。自从我们发现两个男孩表现差很多以后，我和他爸就给予了小儿子更多的爱和关注：我们没事会抱抱他，和他一起玩，但我也担心大儿子会觉得委屈，他总是压着弟弟，所以我们得保护小儿子，爸爸说这个孩子太喜欢被抱抱了，爸爸挺担心的。"

　　哥哥有三年的时间独自一人享受了你们的全部。放心，小一点的孩子在幸福感方面会得到补偿（他们往往焦虑水平比较低，不那么追求完美，所以更有创造力），大一点的孩子则更会讨人喜欢（适应父母和学校的需求）。智力不是只有一种，而是有很多种：不要把智力和学校以及社会的期待相混淆。鱼会游泳，但不会爬树，所以每次你想拿孩子做比较时，可以想想你是不是在评估鱼爬树的能力。你所说的差异是因为每个孩子的感知方式和学习的优先级不一样，这些不会影响学习能力，但需要我们去适应孩子，因材施教。即使我们运用相同的教学方式，教授同样的内容，每个孩子的学习结果也是不同的。即使学习能力相同也不等于处理信息的方式也相同，这就是为什么我们需要适应孩子，而不是拿孩子互相比较。

　　小儿子是家里的第二个孩子（没有足够的发展空间），在没有妹妹之前，他是家里最小的孩子，得到了一部分补偿，但妹妹的出生很快剥夺了他作为"老幺"的特权。所以他的位置不是很舒服，有点局促。你说哥哥"聪明又伶俐"，妹妹"机灵"，你和他爸爸担心他某些方面有所"欠缺"，某些方面有所"过头"，你们给了他更多的爱和关注，保护他不被哥哥打压……这反而会让孩子在潜意识里觉得自己低人一等。

关于他的情感需求，其实没有什么对男孩来说是"正常"的、对女孩来说是"反常"的，反之亦然：大脑没有性别，但是大脑有年龄，他 4 岁了，他正在学习情绪。如果你离开，他哭了，可以回忆一下我们前面讲过的情感支持（请参见"妙招 2"），然后运用到孩子身上。

为了帮助他克服这个问题，我建议你多回应他的需求：他"黏着"你时，不要把他推开，最重要的是你自己不要担心。根据你描述的情况，你注意到的一切都是正常的。当孩子表达需求的时候，试着去满足他的需求，永远不要在语言上或者在头脑里拿他和任何人进行比较（"你不是小宝宝了，看看哥哥……"或者"这个应该是妹妹做的，不是你"）。对你来说他是独一无二的，他需要感受到这一点，并且知道他和哥哥、妹妹一样讨人喜欢（这不仅意味着被宠爱、被保护，还包括他可以像哥哥和妹妹一样让你满意，因为孩子是通过非言语信息来感知父母的关注、失望和烦恼的）。你可以给他解释，当爸爸妈妈扩充家庭规模的时候，不仅仅空间扩大了（房间、床、椅子比以前多了），心也大了很多，大到容得下每一个孩子，每个孩子都有自己的位置，没有人会被挤走：注意一定要确保其他孩子尊重他的"领土"（他的玩具、衣服、餐具等）。还有一点我建议你要特别留意，不要让哥哥去管理弟弟妹妹，否则会加剧孩子之间的问题。

妙招 9

无条件的爱，无止境的温柔

▼▼▼▼

爱是一个人走向优秀的前提条件,
爱的渴望需要被无条件地满足。
每次孩子因为失败而觉得
自己不被爱或者不被接纳的时候,
他不会进步,而是退步。
无条件被爱的孩子是坚不可摧的:
关系中的权利争夺对他来说是陌生的,
他既不需要获胜,也不畏惧失去。

这个妙招可以带你走出所有死胡同，为你打开优秀的大门。感觉自己是被爱的、可爱的，是一个孩子好好学习的前提条件。缺爱的孩子，学不会爱自己，一个不爱自己的人会无意识地"制造"一些失败，失败又会加剧他对自己的负面评价，导致更多的失败。这是一个恶性循环，只有无条件地被爱，被温柔地对待，才能让他从这个恶性循环里走出来。

疗愈意义

美国有一些研究表明，不管处在哪个年龄段，充满爱意的拥抱①能调节一个人的心跳、降低血压、调节应激功能（尤其对结肠病和肠道疾病患者），并产生更高的抗体来帮助人体抵抗疾病。小宝宝出

---

① 拥抱需要持续 20 秒才有效，因为大脑需要这些时间来生成激素，扩散到体内，并产生连锁反应。

生后，轻柔的触碰、拥抱、爱抚和情感流露可以促进大脑发育。温存可以刺激催产素、多巴胺、内啡肽和 5- 羟色胺的形成，这些物质会激活副交感神经系统，有助于消化、减压、改善睡眠质量、促进记忆、增强认知能力（通过加速前额叶皮层发育），等等。

失去母爱[1]和温存，哪怕只有短短的几天，也会影响小宝宝的发育，抑制神经功能，导致精神退化，引发早期抑郁状态或严重的新生儿厌食症（食欲不振和拒绝进食）。而由父母亲自照料的宝宝（从广义上讲，父母就是养育和爱护孩子的人），特别是晚上睡在父母身边的宝宝，白天会比较安静，体重增长更有规律，压力较小，肠道消化功能也更好。

温存是人的自然需求

在西方国家，也包括很多其他地区，社会集体发展出了一种文明，这种文明背离了人类的自然需

---

[1] 这里的母爱是一个集合概念，指母亲对婴幼儿的关怀和照料，但并非一定是亲生母亲，而是一个（或几个）具备母性功能的人，不受血缘和性别的限制。

求，促使教育以适应社会生活为目的，社会发展以商品和服务为基础，形成了消费至上的观念。在这种疯狂的节奏下，我们总是觉得时间不够用，人类的自然需求被迫退居二线。主流舆论不断地鼓吹，我们可以，甚至"必须"让自己的需求适应这种反自然的节奏和行为模式。但不管是灵活适应，还是强行压抑，自然需求是雷打不动的，我们所能改变的，只是回应需求的方式。

灵长类动物抚育孩子的特点

以促进孩子成长和独立为由，母婴之间过早的分离其实是背离自然规律的，是一种暴力行为，所以从教育的角度来说是行之无效的。

小型哺乳动物需要睡在妈妈身边，直到自然断奶，也就是孩子能够独立生存。人类作为灵长类动物，还需要把孩子抱着或背着：孩子晚上和白天都不离开母亲，断奶以后一步一步走向独立，直到青春期逐渐脱离父母。

世界卫生组织提倡母乳喂养可以喂到 2 岁。即使由于身体原因、生活方式或其他原因提前给孩子断奶，孩子的自然需求是不会变的，他会不断地恳求你"抱抱"，直到满 9 个月，有的孩子要到 18 个月；晚上会想睡在你身边，直到 4 岁左右。这个年龄段的孩子如果不要妈妈抱，睡觉时也不吵着要妈妈在身边，那么他这部分需求其实是被剥夺、被强行压抑的，这种剥夺会对孩子的生理和情绪都造成很大的压力，神经科学方面的研究显示，其脑内某些区域的发育被抑制了。

所以即使你不愿意常常抱着孩子，也不想和孩子一起睡觉，我也建议你尝试一下，试着去发现其中的好处，为了孩子，也为了你自己，至少不要把孩子的要求看成一种功能失调。

白天我们在外奔波，无法回应孩子的情感需求，到了晚上，由于信奉了某些"育儿经"，我们违背自己的感受，逼着孩子"学会自己睡觉"，让孩子一个人在床上哭，独自承受这种压力和紧张感，简直是让孩子"痛上加痛"。其实下班回家后，父母可以尽量去弥补白天的缺失，把自己的感受放在第一位，至于别人是怎么做的，"育儿经"是怎么教的，自己的做法对不对，这些都不重要。

建立连接是首位

关于母子关系和亲子互动中的亲密和肢体接触，我认为原则上不应该把任何东西强加上去，而应以孩子和家庭的幸福感为宗旨。如果一种育儿理论既不考虑家庭、社会和父母的具体情况，也不顾及孩子的需求和要求，那么它就是"伪理论"，是会误导人的。我经常看到有些妈妈每天晚上要起来2到4次，因为2岁半的孩子半夜起来想跑到父母房间里睡觉，妈妈就起来哄他，不让他睡在父母床上，因为"这对孩子成长不好"，因为"大家"[1]

---

[1] 这里的大家包括朋友、报纸、电台请来的医生等。

都这么说，因为孩子需要时间去"搞懂""每个人都有自己的空间"，需要时间去"学会""自己睡觉"。那么需要多长时间呢？"直到孩子学会为止"，最终父母筋疲力尽，而夜晚则成了孩子的噩梦。

年幼的孩子晚上是无法睡整觉的，至少要夜醒1次（2岁以下的孩子有90%平均夜醒2次，2到3岁以及3到5岁的孩子，有60%会夜醒1次），醒了以后平均20分钟才会入睡。"睡整觉"只是孩子醒了，父母没有发现而已。

还有一些刚做妈妈的女性来找我咨询。她们产后遇到一些困扰，感觉自己不能全身心地投入到妈妈的工作里，很难和宝宝建立连接。这些妈妈不是被误导，就是内疚不已，有的是想母乳喂养却做不到，有的是不想母乳喂养却被强迫，总之个个都觉得自己不是个"好妈妈"，整天担心自己"没有带好孩子"。想象一下，对于这样的妈妈，如果我们还告诉她，宝宝已经吃过奶了，或者已经换过尿布了，就不能再去抱他，否则会给他"养成坏习惯"或者他会"要求太多"，让妈妈整天围着他转，别的什么也做不了，妈妈听了心里会有多难受。好像几千年来我们已经忘了可以用背带把宝宝背着，好像爸爸就不能抱着或者背着宝宝……好像妈妈自己不能判断怎么做才对自己和宝宝有好处！

这些建议会误导人，造成一个恶性循环：父母和宝宝的需求都没有被满足，互相之间无法连接，于是双方都存在不安全感。小宝宝需要一直被抱着，直到自己会爬，一般在出生后平均 260 天，也就是 9 个月左右，和怀孕需要的时间差不多。之后他需要的时候还会叫你抱，直到他更喜欢自己走路。没有孩子会因为"懒惰"或者"无理取闹"要你抱（请参见"妙招 4"）。当然了，并不是孩子一说要抱，你就马上要抱他，如果你正在忙、腾不出手或者暂时抱不了，可以等一会再抱或者让其他人先抱一抱，只是当孩子想要你抱，而且你也能抱的时候就去抱，既不要内疚，也不要觉得自己"不够坚定"，或者"太宠孩子了"，甚至我发现有些父母会觉得自己"太听孩子的话了"。正确的倾听，永远都不为过。

"你什么都听他的，他会无理取闹"

误解会长期存在，难以消除：有多少父母认为（或者听别人讲过），孩子想抱就抱，或者孩子哭的时候抱抱他，是在"给他养成坏习惯"。这种说法你听到过几次？

西尔维亚·贝尔和玛丽·安斯沃思做过一次研究，他们把母亲分成两组，一组母亲只要小宝宝一哭就及时回应，另一组母亲则克制自己，只有在喂奶、睡醒和入睡等特定的时间，包括孩子不明原因哭闹的时候才给予回应。研究结果表明，第一组宝宝 1 岁以下较少用哭作为交流方式，而第二组宝宝哭的次数和频率则更高。随后有其他研究也取得了相同的结果，且迄今为止所有的研究结果都是一致的。所以我们可以肯定，为了"教孩子不哭"而长时间"让他哭"，从逻辑上说，孩子学会的反而是一有要求就用哭来表达，而及时得到回应的孩子却没有学会"利用"哭来达到自己的目的。所以，孩子会养成坏习惯，不是因为我们"过分倾听"，而恰恰是因为我们"没有充分倾听"。

有条件的爱

如果一个孩子得到的是"无条件的爱"，他会觉得"我被爱，因为我是我自己"，不管他的行为、情绪状态、能力和本领如何，他都觉得自己是被爱的；而"有条件的爱"会让孩子觉得自己只有在满足成年人期待的时候，才是被爱的。

有条件的爱（"如果……我就爱你"）包括在情感上孤立孩子，比如给孩子"看脸色"，孩子想和你说话的时候你拒绝交流，孩子想抱抱的时候你推开他，孩子和你说话你假装没听见，孩子进屋时你转身跑去另一个房间，孩子做了你不喜欢的事你就不理他、回避他的目光，这些做法对孩子的伤害都是极大的，这种伤害如果能描述出来，你会立马停手，永远地停手，连讨价还价的想法也不会有。

成年人在对孩子表达情感和爱之前，心里往往会先用一把尺衡量一下：如果一个孩子长得漂亮、头发梳得光光、穿戴整齐，我们就对他微笑、称赞他；看到孩子手脏了，头发乱糟糟的，我们就摇头皱眉；孩子成功了就奖励他，"我爱你，你是最棒的"，对他亲亲抱抱；孩子失败了就闷闷不乐、强颜欢笑；孩子满足了你的期待，就说"你真好"，反之就说"你真讨厌"、对孩子进行价值评判，这些都是有条件的爱。

这些条件会让孩子自然而然地想来讨好你，得到被爱的感觉，在潜意识里他会把爱和期待混为一谈。孩子[①]会长期处在压力和警觉的状态，控制自己的言行，在说话、做事之前总是焦虑地估计对方会有什么样的反应，怕对方会不开心，同时，他还会自问自己的想法、言行是"好"还是"不好"（这些想法会自动冒出来，让他苦苦思索），对方的反应表示满意还是不满意，这些都会抑制孩子的自发性。

有条件的爱最大的害处，是给孩子带来情感上

① 也包括一些成年人，由于这方面问题影响社会功能而前来咨询，这部分只有被看见和照顾才能被治愈。

的不安全感以及对爱和被爱的恐惧。不安全感会伴随低自尊，孩子的内心会不断地进行自我评判、自我贬低，充斥着消极的"自我实现预言"（"你什么都不是""你什么都做不好""你永远也做不到"等），会脆弱、容易受伤、容易被操纵、变成"老好人"、很难拒绝别人。

情感剥夺最忌讳

　　对孩子来说，情感上的惩罚所造成的危害比其他任何形式的惩罚都要大（之前讲过，所有的惩罚都是暴力）：把孩子推开，拒绝亲亲抱抱，拒绝交流（把孩子扔在一边，孩子和你说话你假装没听见，甚至根本无视他的存在），情感威胁（"如果……我就不喜欢你了""你这个坏孩子""你伤害了我""你让我失望"），等等，都是一种心理虐待。情感剥夺会给孩子造成极大的痛苦，导致依恋受损，削弱亲子间的纽带，让孩子活在恐惧里。

无条件的爱

把我们和孩子联系在一起的是无条件的爱和永恒的爱（父母有精神疾病的除外）。如果我们的沟通方式不能让孩子感受到这一点，那么就需要做一点调整，这个并不难，只需把爱看成一种需要，而不是一种感觉：孩子需要什么，我们就给他什么。孩子和成年人一样，在任何时候都需要爱，尤其在遭遇失败，在没有满足我们期待的时候，在他不是很"好"、很"可爱"、很"乖"的时候，这种需求便更为强烈。

这种时刻孩子最需要我们的安慰，最需要觉得自己是可爱的、被爱的，这时我们就需要把对孩子的爱表达出来——"我爱你""我很高兴能做你的爸爸（或你的妈妈）""我喜欢看着你，看着你让我开心"……此外，孩子不仅需要听我们表达爱，自己也有表达爱的需要，当孩子被允许的时候，会表达出很多对你的爱，而且会毫无保留地表达，有时候他想要和你说说话，他想到的第一件事就是告诉你"我爱你"。

在教育里，这些表达和非言语信息一样重要，只是非言语信息对孩子来说比较难理解，也不会引起太多爱的感觉（除了亲吻和拥抱）。所以我们平时有事没事可以多多地对孩子表达"我爱你"：早上醒来，晚上入睡前，然后上班前可以亲亲他，放学回家可以抱抱他。当孩子问你"你也爱我吗？"你要直接肯定地回答他，不要让他猜，不要故意让他急："我不爱你我会不看完电影就陪你去踩水塘吗？""你为什么要问这个？你怀疑我对你的爱吗？""父母爱孩子是很正常的，每个父母都爱自己的孩子"，等等。

不过，我想提醒大家，无条件的爱是一种自我定位，可以促进教育的有效性，但不能代替教育。一句"我爱你"无法代替你对孩子的关注、陪伴、聊天以及对他学习方面的支持，所以，不要用爱的语言来弥补教育的缺失，弥补暴力所带来的影响，产生冲突的时候该解释的要解释，一句"我爱你"是不够的。

最后，当你表达爱的时候，如果孩子没有准备好要接受，也请你尊重孩子，尊重他此时此刻的需求：当孩子不愿意，或者他正忙着玩，又或者他正处在一种情绪状态无法很好地回应你，我们不必强行去拥抱他，非要说"我爱你"。无条件的爱，不是形式，而是一种内心的感受。

案例分析

> "当我们很生气、很累、觉得自己不喜欢孩子的时候，该怎么做？有时候我会二话不说直接把儿子推开，他说我不够爱他，我觉得很内疚。"

你把孩子推开，觉得内疚是正常的。这个情绪在告诉你，你对自己的做法不满意，因为这样做伤害了你，也伤害了孩子。一般来说，当你发现自己犯错的时候，你会怎么做？你会下定决心不再犯同样的错误，同时去思考有没有其他的解决办法，对不对？我说的这些话应该已经能够帮助到你去改变自己，并尝试其他的做法。关于内疚，也不用太担心，健康的内疚就像一个功能完好的"保险栓"，会提醒我们、帮助我们抵御暴力。每个人都会犯错，每个人都会有状态不好的时候（疲惫、不耐烦、愤怒等）。我们可以从错误中去学习：你可以告诉孩子，你很后悔把他推开，就算生气也不该这么对他，下次生气的时候你会注意。这是第一点。

第二点是，如果你的做法有些出格，那么这既不是你的教育方式，也不是你故意为之，而是一种"意外"，一种每个父母都会遇到的情绪反应。我们需要的恰恰不是内疚和无助，而是后悔。我希望成年人能够理解，情感剥夺从教育层面来说是最忌讳的。我这么说并不是要让你们内疚，因为每个人都有可能会做出出格的事情，事后会内疚，然后去改正。

"你建议孩子睡在父母床上，但如果有好几个孩子该怎么办？我女儿 4 岁，儿子 2 岁半，你建议他们和父母一起睡到几岁？"

我不是建议"孩子睡在父母床上"，我建议宝宝睡在父母身边直到 9 个月左右，之后如果宝宝还想睡在父母身边，就满足他的需求：宝宝半夜醒来，跑到你们房间来想睡在你们身边，是因为他需要一种安全感，有了安全感他就能继续睡觉了。也就是说，你可以按自己的想法来安排宝宝是睡在自己床上，还是睡在自己的房间里，或者和父母睡在一个房间，这些都不重要，重要的是，宝宝半夜醒来，不要让他一个人在床上或者在房间里哭，如果他跑来找你，也不要拒绝他。即使有两个孩子，我也是这么建议的，只是睡觉的地方需要大一点，以免孩子睡得不舒服，闹别扭，因为另一个"占了太多地方"。

"我先生反对和宝宝睡一张床，因为睡觉时需要很警醒，他接受不了。我在想我要不要睡在宝宝房间里，省得我一晚上起来四五次。你觉得呢？"

在回答这个问题前，我需要先澄清一点：在我看来，和宝宝一起睡觉并不是让宝宝睡在父母中间，最好是一个人陪着宝宝，保证他舒服、有安全感，另一个人休息。这就是为什么父母两人常常需要接力跑，一个累了，另一个接着跑。话虽这么说，如果你先生怕睡不好不愿意和宝宝一起睡，而且你们

两人观点一致，你们可以自己决定什么方式对你们
最好，也就几个月的事情。小宝宝 24 小时都需要
有人照顾，不能有一点松懈，要么你，要么你先生，
总得有人照顾他，"由着他哭"不是一个好的处理
方式。如果你们的床不够大，睡不下三个人，那么
最好是你和宝宝一起睡，你先生单独睡。

妙招 10

有效教育，永远都不嫌晚

▼▼▼▼▼

如果小时候，

父母用暴力的方式教育我们，

那么长大了我们也会用

同样的方式教育自己的孩子，

面对改变，我们会气馁，

会自问究竟"值不值得"。

有效教育不分年龄，

不分时机，也不分场合：

一点一滴的努力都是"值得"的。

　　保持一颗柔软慈爱的心，并学习一些有效的方法（知识、行为和技巧）去和孩子相处，可以让父母远离内疚感，这是推动我们改变的内在动力。内疚是一种情绪：它告诉我们某些地方"出错了"，并提醒我们想办法去改过和弥补。如果我们陷在内疚里，被事件所困住，反复思索自己的失误，后悔不已、惴惴不安，那么我们的关注点是在过去，走不出自己的情绪，我们就无法改变自己。

　　但如果我们承担起自己的责任，让自己为错误负责，便可以从中吸取教训，并有意识地去弥补。这需要我们有一份觉察，发现自己的不足，原谅自己（如果我们决定弥补，原谅自己并不难），并做出改变。也就是既不对自己做道德判断，也不要评判自己"好"与"不好"，而是去寻找方法。如果你的方法无法达到预先设定的目标，就需要改变自己的观点，这最后一个妙招就是教你如何去改变。

改变有两个关键点。第一是平等，面对孩子，不能再一味地压制，而是站在和孩子平等的位置，"我说了算"是行不通的。第二是团结，团结让我们的心靠得更近，构建互相支持、互相合作的关系，摒弃竞争和利益冲突。这两个因素会互相作用，向同一个目标靠近，其中同理心是动力，爱是燃料。

平等是一条普遍性的原则，人人适用，不分年龄

我们崇尚的"自由、平等、博爱"，是否隐含着"未满 18 岁者除外"？是不是对某个年龄段的人就不需要做到平等了？或者对于某个年龄段的人，平等的责任是可以被免除的、平等的权利是可以被剥夺的？当然不是！如果你希望自己的教育是有效的，那么这些基本原则学习得越早越好；而且既然最好的学习方式是体验和榜样，那么平等就是一项必要条件。如果孩子和成年人之间的地位和权利不平等，就不是真正的人人平等。

在教育里，我们需要把孩子看成一个独立的个

体，也把成年人看成一个独立的个体。教育并不是为了让"孩子变为成年人"，而是允许一个个体自由地去发展，不按强者的意愿被塑造，因为强者总是享有特权。

重建平等，我们该怎么做？

想要和孩子建立平等关系，就必须放弃一系列成年人的特权。成年人有无数潜在的特权，因为法律规定，父母对孩子享有"绝对权力"，而孩子却没有决定权：没有权利选择吃什么、穿什么、做什么、站在哪里，甚至没有思考和说话的权利……成年人对孩子的管制是全方位、多角度的，孩子想要一点自由得看成年人是否愿意施舍。

每次我们要孩子听话，孩子听的是我们的话，而不是他自己的话，成年人觉得有好处就给他点儿权利，没好处就不给。每次说是和孩子"商量"，但"商量"过后孩子不满意，提出疑问，我们却说"没有为什么，因为我说了算"，这不是教育，而是权利争夺。回想一下，当你自己还是个孩子的时候，处在这种低人一等的位置是什么感受。不少年轻人（尤其是读了本书的人，可能你也在其中）会对自己的童年感到痛心，会唾弃成年人，并不是因为孩子理应更快乐、更自由，而是因为成年人歪曲了童年。当教育旨在纠正错误和领导时，便扼杀了人的自发性、创造力、纯真、真实，而这些都是我们生而为人的本质①。

平等并不意味着没有依赖，而是不受压制地去体验独立，如果这种独立满足了孩子的需求（而不是成年人或社会的期待），它便会成为性格的一部分。自上而下的教育关系把孩子看成一具空的容器，需要依赖无所不知的成年人去为他"充填知识"，而平等能够让我们把教育看成一种相互依赖的横向关系②。

---

① 如果没有人为的干预，孩子会自然地从经验里去学习。没有成年人指手画脚，真实的自我才有机会被发展、被滋养、被表达，而不是应该学习什么、应该怎样去适应，这会影响孩子的自我。
② 保罗·沃兹拉威克对相互依赖的定义是："当 A 事件取决于 B 事件时叫作依赖，而当 B 事件也同等地取决于 A 事件，那么这两个事件会不可避免地互相影响，这便是相互依赖。"

　　为了在教育里实现全面平等，我邀请你做一个决定，那就是"无论发生什么情况，我都不会再想、再说、再做任何我作为一个孩子时不愿意接受的事情"。这个决定能够让你把有效教育落实到生活的方方面面，再加上一个"保险栓"，让你像对待成年人一样对待自己的孩子，在任何情况下都不使用暴力。

从平等走向团结

　　一旦我们认识到平等的重要性，要完全实现有效教育，还需要一个要素，那就是团结。当我们意识到人与人之间是相互依存的，并且每个人都有自己的一部分责任，我们就能团结起来，和他人保持连接（即使他人的想法、说法、做法和我们不一样）。在教育里，团结是一种自我定位，能使我们避免让孩子去"解决"和自身无关的问题（这是我们现行的教育所要求的），这些问题也就是指不受他自己控制的事情（因为他没有决定权或缺乏信息）。和孩子团结一心，意味着我们说（并做到）"我陪着你，无论发生什么，不管你怎么想、怎么说、怎么做：我们一起来为你的成功和失败负责"。

团结：面对危险时的动物性反射

研究人员发现，所有的生物都会团结互助（仪式性或本能），尤其是哺乳动物，包括我们人类（灵长类动物）。受生产力的影响，我们背离了人类的历史，教育长期以来与人的天性背道而驰，着眼于塑造和纠正人的本性，把人类提升为更高级的物种。人与人、人与其他物种之间越来越疏离，人类把自己放在了捕食者的位置，从根本上破坏了大自然的生态系统，引发人类的灾难，对每一个人造成痛苦。要制止灾难，最有效的方法，便是和孩子站在一起，团结一心。

培养同理心

同理心可以让父母和孩子（或老师和孩子、成年人和孩子、成年人和成年人）在平等团结的道路上走得更轻松、更有效。

同理心是一种自然①自愿的反应。同理心能够让我们走出自我的世界，抛开观察和分析，去关注另一个人正在经历什么，他的感受是什么。同理心不是投射和认同（"如果我是你，我会觉得……"），而是把自己代入对方的内心世界（"我理解②你的感受，我将心比心"），无关自己的兴趣、意愿和痛苦。

同理心包括两个层面：一个是物理层面，需要和对方保持同步③，产生情感共鸣。还有一个是心理层面，通过对事件的感知，通过理解对方的观点而产生认知共情。这两个层面在有效教育中是互补

①根据莱比锡研究，我们在幼儿中也观察到这种现象。此外，根据研究员范得沃报道，除人类以外，还在许多其他哺乳动物中也观察到这种现象。

②拉丁语中的"理解"从词源上讲，由"一起"和"捕捉、抓住"组成，所以"理解"在拉丁语中的字面意思是"一起捕捉、一起抓住"。

③同步可以是一种无意识的反应，比如当你看到别人打呵欠，自己也跟着打呵欠，也可以被激发，通过有意识地采用对方的身体姿势、面部表情和态度去感受对方的感受，因为外在的模仿会产生相应的内在感觉。

的。共情是可以练习的，通过练习可以把共情变成我们和孩子相处时的一种自动反应。

共情不是"镜像"共鸣：不是占据他人的情绪，也不是以自我为中心，为自己的痛苦而痛苦。共情不是两个人面对面，而是肩并肩。共情不是"你痛苦所以我痛苦"，而是"我同情你的遭遇，如果这件事发生在我身上，我也希望有人能够这样对我"。

常常有父母问我："当我对孩子生气的时候，该怎么去共情？"当我们生气的时候，与愤怒做斗争确实很难，强行压抑愤怒，又会对自己造成伤害。所以，我建议你先把自己抽出来，处理好自己的愤怒。另一方面，我们可以避免因认知共情而引发自己的愤怒。我们会生气，大多数时候是因为我们对孩子的意图有了评判，比如，孩子不听话，我们解读为孩子"不尊重"自己；孩子没听见，我们解读为孩子"不听"我们说话；自己没有享受到特权，我们解读为孩子"不爱我"……借助有效教育的 10 个妙招，我们可以换一种方式来解读我们的孩子，慢慢地，孩子会被我们同化，也具备共情的能力。

　　改变自己，和孩子一起学习，永远都不晚。在教育中，我们和孩子的利益是绑定在一起的，所以，我们慈爱、柔软，孩子便会醒来，会成长。童年是人格构建的重要阶段，希望你能从自身做起，实现全人类的平等和自由。

尾声

当我们打开有效教育的大门，我们会感恩，会用另一种眼光来看待我们的孩子，我们的感受和行为也会随之发生变化。所以，只要记住书里说的一些原则，改善迟早会发生。另外我还想补充一点，那就是有效教育的对象不一定是孩子，也可以扩展到成年人。教育中的等级制度是我们的枷锁，打开这副枷锁，便不分成年人和孩子。当我们放弃强权、放弃专制，和孩子保持平等的关系，我们和孩子之间便可以互相学习，不再有隔阂，这样的关系可以持续一生。

我邀请你观察自己的一言一行，有则改之，无则加勉。请你怀着对自己的一份信心，不要内疚，也不要灰心。

同时也邀请你阅读完本书以后，把你的心得分享给孩子，和孩子聊一聊关于教育的话题以及他的感受。只要你鼓励孩子多表达，包括他对自己、对父母、对老师、对成年人所作所为的看法，你会发现孩子在很多方面所知道的比我们想象的要多得多。

聊了以后，你会发现孩子对教育是那么感兴趣，那么关心。孩子常常能意识到自己所处的情境是不公平的，如果他没有为自己发声，那是为了保护我们。当我们高高在上，对孩子颐指气使的时候，孩子知道我们无意去尊重他、信任他，只能控制他、强迫他，所以他们往往会放弃伸张自己的权利，放弃表达自己的需要，耐心地等到自己成年。

我认为，潜意识里的创伤会"制造"苦难，让我们不断重复童年痛苦的经历，因为我们内在的那个孩子迷失了，他想要摆脱痛苦，修正过去。同时我也相信，只有在孩子身上，我们才能找回曾经的自己，治愈内心那个迷失的孩子。